TOP 100 GERMAN VERBS

+ MODAL VERBS

Copyright

All rights reserved, no part of this book may be reproduced or transmitted by any means, electronic, mechanical, photocopying or otherwise, without the prior permission of the publisher.

@2020 by expresslingo
Kindle : 1th Edition July 2020
Paperback: 1th Edition August 2020
Image Source : freepik.com | Premium Licences

expresslingo
mail@expresslingo.com
facebook.com/expresslingo

Introduction

One of the situations we encounter while learning a foreign language is that words have more than one meaning. This also happens in the German language. Especially verbs can have very different meanings in the sentences. That is why we have examined the 100 most used verbs in German in detail. We prepared this book with a study that lasted about a year. In this book, we explained the 100 most used German verbs and modal verbs in sentences with their different uses.
We hope this book will be useful for all students who learn German.

This book is the ideal choice for:

- German learners for A2 level and above.
- People willing to learn German by practicing.
- Those who want to learn the top 100 most used verbs and modal verbs in German.
- Except for the top 100 German verbs and modal verbs, those who want to learn new words and phrases with German grammar.
- Those who want to improve their speaking and listening skills in German.

Audio Files in MP3 Format Download

You can find the download link at the end of the book.

What's in the book?

- German verbs can have different meanings in sentences. In this book, you will see how the 100 most used verbs and modal verbs in German are used in sentences.

- How to use verbs with different meanings is explained **with nearly 3000 sentences**.

- When giving sample sentences, we paid strict attention to use different sentence structures. Sentences have been carefully prepared to understand **Nebensätze, Zeitformen, Aktiv – Passiv**, and **Konjunktiv** issues. In this way, while learning the verbs, you will also be learning German grammatical structures.

- **Modal verbs**, which is an important subject of the German language, was also examined in detail at the end of the book.

- The meaning of most of the words and patterns used in the sentence was given in English.

- All sentences were voiced to improve your listening and speaking skills in German. We also set time aside between sentences for you to practice.

How to use this book

First and foremost, motivation and continuity are very important. Don't lose your motivation while learning. Make sure to allocate some time to work every day.

Some verbs have more than one meaning, so they are explained in more sentences. For example; **haben, sein, gehen, kommen, machen, nehmen, etc.** We recommend you to learn these verbs in depth. It is not enough to learn the verbs once, if you repeat it a few times, it will be easier for you to make similar sentences.

Learn the verb you are working on with the audio and text versions first. Comprehend the meanings of words and patterns in the sentence. Then leave the book aside and work only with the audio file (Of course, you can look at the text when you don't understand well). Repeat the sentence you hear, if you want to practice more efficiently, repeat some parts in the sentence by changing them.

You can find the **audio download link** at the end of the book.

Practicing methods

How to repeat the sentences:

You can try different ways. For example, our sentence:

Ich wohne mit meiner Schwester zusammen.

1) Repeat as it is.

Ich wohne mit meiner Schwester zusammen.

2) You can change the subject or other parts of the sentence.

Er *wohnt mit seiner Schwester zusammen.*
Sie *wohnt mit **ihrem Bruder** zusammen.*

3) You can change the tense.

*Ich **wohnte** mit meiner Schwester zusammen.*
*Ich **habe** mit meiner Schwester **gewohnt**.*

4) You can add different structures and phrases into the sentences.

*Ich **wohnte** mit meiner Schwester zusammen, **als ich Student war**.*

While working the sentences, repeating in the same way in your first study and changing the sentence structure in later repetitions will make it easier for you to learn.

The audio time of the whole book is 6 hours and 40 minutes. This includes the time to practice what you hear. After finishing the book once, practice it only with audio files, you can look at the text again in chapters you don't understand.

Repeat the verbs with the audio files all over again as described above. Along with the verbs, you will also learn thousands of German words and phrases.

We wish all German learners to enjoy our book.

Abbreviations in this book

German
etw. : etwas
jd. : jemand
jdn. : jemanden
jdm. : jemandem
jds. : jemandes
A : Akkusativ
D : Dativ
z. B. : zum Beispiel
usw. : und so weiter

English
sth. : something
sb. : somebody
etc. : et cetera

Contents

Copyright 2
Introduction 3
What's in the book? 4
How to use this book 4
Practicing methods 5

1. sprechen 10
2. heißen 14
3. kommen 16
4. sein 24
5. haben 30
6. werden 37
7. machen 39
8. gehen 44
9. sagen 51
10. wohnen 54
11. leben 56
12. arbeiten 59
13. lernen 61
14. verstehen 63
15. wissen 65
16. fahren 67
17. geben 69
18. kennen 73
19. nehmen 75
20. trinken 79
21. essen 81
22. sehen 83
23. schauen 86
24. gucken 87
25. hören 88
26. spielen 90
27. schlafen 92
28. laufen 94
29. denken 96
30. glauben 99

31. meinen	100
32. finden	102
33. suchen	104
34. bleiben	106
35. stehen	109
36. aufstehen	114
37. liegen	115
38. stellen	119
39. legen	122
40. sitzen	125
41. setzen	127
42. tun	129
43. fragen	132
44. antworten	134
45. beantworten	135
46. brauchen	136
47. lassen	138
48. warten	144
49. helfen	146
50. schreiben	148
51. lesen	150
52. zeigen	152
53. erklären	154
54. beginnen	156
55. anfangen	157
56. aufhören	159
57. reden	160
58. treffen	162
59. kaufen	164
60. bezahlen	165
61. zahlen	166
62. kosten	168
63. ziehen	169
64. bauen	173
65. fühlen	174
66. bringen	176
67. tragen	179
68. schwimmen	181
69. lachen	183

70. lieben	184
71. schicken	186
72. regnen	188
73. versuchen	189
74. halten	190
75. fallen	195
76. fliegen	197
77. reisen	198
78. passieren	199
79. studieren	201
80. bieten	202
81. anbieten	203
82. singen	205
83. tanzen	206
84. bestehen	207
85. probieren	208
86. anrufen	210
87. steigen	211
einsteigen	213
aussteigen	214
umsteigen	215
88. reparieren	216
89. einladen	217
90. bekommen	218
91. erhalten	220
92. abholen	221
93. bestellen	222
94. besuchen	223
95. vergessen	224
96. sich erinnern	225
erinnern	226
97. sich interessieren	227
98. gehören	228
99. handeln	229
100. verbinden	231
101. bedeuten	233
102. fehlen	234
103. vergleichen	236
104. erreichen	237

105. verlieren 239
106. gewinnen 241

Modalverben 243
1. können 243
2. dürfen 247
3. müssen 249
4. sollen 251
5. mögen 254
6. wollen 258

DOWNLOAD AUDIO 260

1. sprechen: to speak
spricht, sprach, hat gesprochen

1.

Können Sie Deutsch **sprechen**?
Ich spreche ein bisschen Deutsch.
Ich **spreche sehr gut** Deutsch.
Ich spreche kein Deutsch.
Welche Sprachen **sprechen** Sie?
Ich **spreche sehr gut** Englisch und **ein bisschen** Französisch.
Ich kann Spanisch **weder lesen noch sprechen**.
Meine kleine Tochter kann **noch nicht richtig sprechen**.
Sie **spricht ausgezeichnet** Deutsch. **Ohne Akzent**.
Wie hast du bemerkt, dass er aus Italien kommt?
- Weil er **mit italienischem Akzent spricht**.

ein bisschen / sehr gut Deutsch sprechen: to speak a little / very well German
weder lesen noch sprechen: neither read nor speak
ausgezeichnet sprechen: to speak excellent
ohne Akzent sprechen: to speak without accent
bemerken, dass: to notice that
mit italienischem Akzent sprechen: to speak with an Italian accent

2.

irgendwie sprechen
jdn. sprechen: to speak to sb.

Ich könnte dich besser verstehen, wenn du **langsamer sprechen** würdest.
Ich habe nicht so viel Zeit. Könntest du etwas **schneller sprechen**?
Ich verstehe Sie nicht. Könnten Sie bitte **lauter sprechen**?
Die Dame in der Bibliothek hat mich gebeten, **leise** zu **sprechen**.
Sie **sprechen undeutlich**. Bitte **sprechen** Sie **deutlicher**.
Vor einem Jahr **sprach** ich **kaum** Deutsch.
Bei der mündlichen Prüfung konnte ich vor Nervosität **kaum sprechen**.
Um **fließend** Deutsch zu **sprechen**, müssen Sie sich im Freundeskreis regelmäßig auf Deutsch unterhalten.

Ich muss dich **unbedingt sprechen**!
Wen möchten Sie **sprechen**? - Ich möchte bitte **Herrn Meier sprechen**.
Kann ich bitte **Herrn Müller sprechen**? - Worum handelt es sich denn?

langsam / schnell sprechen: to speak slowly / fast
laut / leise sprechen: to speak loudly / quietly
die Dame in der Bibliothek: the lady in the library
jdn. (darum) bitten, etw. zu tun: to ask. sb. to do sth.
deutlich / undeutlich sprechen: to speak clearly / unclearly
bei der mündlichen Prüfung: during/at the oral exam
kaum sprechen: to speak hardly
vor Nervosität: ~ because of nervousness
fließend sprechen: to speak fluently
sich(A) unterhalten: to talk
regelmäßig sprechen: to speak regularly
im Freundeskreis: in the circle of friends
jdn. sprechen: to speak to sb.
sich(A) um etw./jdn. handeln: to be about sth./sb.

3.
über jdn./etw. **sprechen**: to talk about sb./sth.
von jdm./etw. **sprechen**: to speak of sb./sth.
mit jdm. **über** etw. **sprechen**: to talk to sb. about sth.

Sie hat **offen und ehrlich über** ihre Vergangenheit **gesprochen**.
Er **spricht** gerne **über** Politik, aber ich interessiere mich nicht dafür.
Die Großeltern haben **ständig über** ihre Enkelkinder **gesprochen**.
Sie **spricht nur noch über** ihre Beziehung.
Von wem sprichst du? - Ich **spreche von** meinem Chef.
Ich kenne den Mann, **von dem** Sie **sprechen**, seit über zehn Jahren.

offen und ehrlich sprechen: to speak openly and honestly
über die Vergangenheit sprechen: to talk about the past
sich(A) interessieren für: to be interested in
ständig über die Enkelkinder sprechen: to talk constantly about the grandchildren
nur noch über die Beziehung sprechen: to talk only about the relationship
seit über zehn Jahren: for over ten years

Kann ich **mit** dem Arzt **sprechen**?
Kann ich **kurz mit** Ihnen **sprechen**?
Ich muss **mit** dir **über** den Plan **sprechen**.
Hast du **mit** ihr schon **darüber gesprochen**?
Mit dir zu sprechen ist wie eine Therapie für mich.
Der Polizist **sprach mit** dem Augenzeugen **über** den Unfall.

Der Vermieter will die Miete erhöhen. Hast du **mit** ihm **darüber gesprochen**?
Wegen des Lärms von gestern Abend werde ich noch **mit** meinem Nachbarn **sprechen**.
Mit meinem Chef kann man nicht **sprechen**. Er denkt, dass er alles besser weiß.

mit dem Arzt sprechen: to talk to the doctor
mir jdm. über den Plan sprechen: to talk to sb. about the plan
mit dir zu sprechen ist wie ... : talking to you is like ...
die Therapie -n: therapy
der Vermieter -: landlord
die Miete erhöhen: to raise the rent
der Augenzeuge -n: eyewitness
mit dem Augenzeugen über den Unfall sprechen:
to talk to the eyewitness about the accident
wegen des Lärms: because of the noise
mit meinem Nachbarn sprechen: to talk to my neighbor

4.

für jdn./etw. **sprechen**: to be in favor of sb./sth.
gegen jdn./etw. **sprechen**: to not be in sb's/sth's favour
für sich (selbst) **sprechen**: to speak for oneself/itself

Es gibt viele Hinweise, die **für** seine Schuld **sprechen**.
Die Argumente **sprechen dafür**, dass er nicht der Täter war.
Meine Gefühle **sprechen für** ihn, doch meine Logik **spricht gegen** ihn.

Wir könnten am Wochenende grillen. Es **spricht nichts dagegen**.
Die Gesetze **sprechen gegen** eine Diskriminierung anderer Menschen.
Das Führen einer Waffe, ohne einen Waffenschein zu besitzen, **spricht gegen** das Gesetz.

Die Fotos von deinem letzten Urlaub **sprechen für sich**.
Eine Studie zeigt, wie viel Zeit wir mit unseren Handys verbringen. Die Ergebnisse **sprechen für sich**.

der Hinweis -e: indication, evidence, hint, clue
die Schuld: fault, guilt, blame
der Täter -: perpetrator, culprit, offender
das Gefühl -e: feeling
Es spricht nichts dagegen. : There is nothing against it.
das Gesetz -e: law
die Diskriminierung -en: discrimination
die Waffe -n: weapon
eine Waffe führen: to carry a weapon; to wield a gun

der Waffenschein -e: gun license;
besitzen: to have, to possess
die Studie -n: study, research study
verbringen: to spend
das Ergebnis -se: result

5.

Der Künstler betritt die Bühne und **spricht ins Mikrofon**.
Der Arzt **ist** im Moment nicht **zu sprechen**. Können Sie später noch mal anrufen?
Der Kommissar konnte **den Dieb zum Sprechen bringen**.
Der Lehrer versucht alles, um **Schüler zum Deutschsprechen** zu **bringen**.

der Künstler -: performer, artist
die Bühne betreten: to come/go on stage, to enter the stage
ins Mikrofon sprechen: to speak into the microphone
zu sprechen sein: to be able to speak
im Moment: at the moment
der Kommissar -e: inspector
der Dieb -e: thief, burglar
jdn. zum Sprechen bringen: to make sb. talk
versuchen: to try

2. heißen: to be called, to mean

heißt, hieß, hat geheißen

1.
Wie heißt du? / Wie heißen Sie?
Ich heiße Peter.
Ich weiß nicht, wie sie heißt.
Wie heißen Sie mit Vornamen / Nachnamen?
Wie heißt dieses Lied?
Was heißt das?
Wie heißt das auf Deutsch? – **Das heißt** "Brieföffner".
"Guten Morgen" **heißt** auf Englisch "Good morning".
Was soll das heißen?
Wie heißt die Straße, in der du wohnst?
Die Hauptstadt von Deutschland **heißt** Berlin.
Wie heißt der neue Film von Brad Pitt?
Sie wurde von ihren Eltern Julia **geheißen**.

Wie heißen Sie mit Vornamen / Nachnamen?:
What is your first name / last name?
das Lied -er: *song*
Was heißt das?: *What does that mean?*
Wie heißt das auf Deutsch?: *How do you say that in German?*
das heißt*: this means*
Was soll das heißen?: *What does this mean?*
Wie heißt die Straße?: *What is the name of the street?*
Die Hauptstadt von Deutschland heißt ...*: The capital of Germany is ...*

2.

Es ist viertel vor drei. **Das heißt** 02:45 Uhr.
Es hat angefangen zu regnen. **Das heißt, dass** wir nicht an den Strand gehen können.
Es regnet stark. **Das heißt, dass** wir heute nicht grillen können.
Sport treiben heißt weniger Stress, ein gesundes Leben und gutes Aussehen.
In den Nachrichten heißt es, der berühmte Schauspieler sei schwer krank.
In einem Zeitungsartikel hieß es: "Eine neue Sprache zu lernen, steigert die Gehirnleistung."
Es heißt, dass bilinguale Kinder sozialer sind.
Wer hat dich geheißen, meine Briefe zu lesen, ohne mich zu fragen?

anfangen: to begin
regnen: to rain
an den Strand gehen: to go to the beach
Sport treiben heißt ... : Doing sports means ...
ein gesundes Leben: a healthy life
das Aussehen: appearance
In den Nachrichten heißt es ... : In the news it says ...
der Schauspieler -: actor
es heißt, dass ... : it is said, that ...
they say that / there is a rumor that...
In einem Zeitungsartikel hieß es ... : In a newspaper article said ...
steigern: to increase
die Leistung -en: performance
die Gehirnleistung -en: brain power / brain performance
Es heißt, dass bilinguale Kinder sozialer sind. :
It is said that bilingual children are more social.
jdn. heißen, etw. zu tun: to tell sb. to do sth.
Wer hat dich geheißen, meine Briefe zu lesen?:
Who told you to read my letters?
jdn. fragen: to ask sb.

3. kommen: to come

kommt, kam, ist gekommen

1.

Woher kommen Sie? / **Woher kommst** du?
Ich **komme aus** Deutschland / **aus den** USA / **aus der** Türkei.
Ich **komme aus** Köln / Berlin.
Woher **kommst** du gerade?
Ich **komme von zu Hause**.
Ich **komme von der Arbeit**.
Ich **komme aus der Schule**.
Ich **komme aus dem Supermarkt**.
Wie **kommst du zur Arbeit**?
Ich **komme mit meinem Auto zur Arbeit**.
Ich **komme mit dem Zug / mit der U-Bahn zur Arbeit**.
Wie bist du **gekommen**? **Zu Fuß** oder **mit dem Bus**?

Woher kommen Sie? / Woher kommst du?
Where are you from? (Where do you come from?)
kommen aus: to come from
von zu Hause kommen: to come from home
von der Arbeit kommen: to come from work
aus der Schule kommen: to come from school
zur Arbeit kommen: to come to work
mit dem Auto / Zug / Bus zur Arbeit kommen:
to come to work by car / train / bus
mit der U-Bahn zur Arbeit kommen:
to come to work by subway
zu Fuß kommen: to walk, to come on foot

2.

Beeil dich bitte! - **Ich komme schon**.
Nun **komm schon**! Ich habe nicht lange Zeit.
Wo bleibt deine Freundin? - Da **kommt** sie ja!
Komm, lass uns ins Kino gehen.
Schön, dass du gekommen bist.
Wegen der Erkältung konnte ich nicht **kommen**.
Die Bücher **kommen ins Regal**.
Der Plastikmüll **kommt in die gelbe Tonne**.
Wohin kommt der Esstisch? - Er **kommt in die Küche**.
Wohin kommt die Gabel? - Sie **kommt in die Schublade**.
Laut Wetterbericht **kommt** heute noch ein heftiger Schnee. Fahr bitte vorsichtig.

komm schon!: come on!
Schön, dass du gekommen bist. : Nice that you came.
der Gast -"e: guest
wegen der Erkältung: because of the cold
das Regal -e: shelf
der Müll: garbage

die Tonne -n: bin
der Esstisch -e: dining table
die Gabel -n: fork
die Schublade -n: drawer
laut Wetterbericht: according to the weather report
ein heftiger Schnee: heavy snow

3.

Wie komme ich von hier **zum** Bahnhof?
Wie komme ich **zur** Bushaltestelle / **zur** Bank?
Denkst du, dass wir **rechtzeitig zum Bahnhof kommen**?
Wie komme ich **am schnellsten zum** Flughafen?
Mit dem Zug **kommt** man **am schnellsten zum Flughafen**.
Ist alles fertig? Die Gäste **kommen gleich**.
Warte kurz auf mich. Ich **komme gleich** wieder.
Der nächste Zug **kommt in zehn Minuten**.
Der Zug nach Berlin ist ausgefallen. Der nächste Zug **kommt erst in einer Stunde**.

Wie komme ich zum / zur ...?: How do I get to ...?
rechtzeitig kommen: to come in time
die Bushaltestelle -n: bus stop
am schnellsten: fastest

der Flughafen -": airport
der nächste Zug: the next train
in Zehn Minuten kommen: to come in ten minutes
ausgefallen: cancelled

4.

zu jdm. kommen: to come and visit (or see) sb.
(zum Essen / zur Geburtstagfeier / zum Unterricht kommen)

Komm bitte morgen **zu mir zum Abendessen**.
Alle meine Freunde sind **zu meinem Geburtstag gekommen**.
Meine Freundin und ich sind **gleichzeitig zum Treffpunkt gekommen**.
Weil ich verschlafen habe, bin ich **zu spät zum Unterricht gekommen**.
Sie **kam zur Veranstaltung** in Begleitung ihres Mannes.
Leider **kam ich zu deiner Verlobung** nicht, weil ich **mir** von der Arbeit nicht **freinehmen** konnte.
Aber **zur Hochzeit** werde ich **auf jeden Fall kommen**.

zum Abendessen kommen: to come for dinner
zum Geburtstag kommen: to come for birthday
gleichzeitig kommen: to come at the same time
zum Treffpunkt kommen: to come to the meeting point
verschlafen: to oversleep
zum Unterricht kommen: to come to class

zu spät kommen: to come too late
zur Veranstaltung kommen: to come to the event
in Begleitung ihres Mannes: accompanied by her husband
zur Verlobung kommen: to come to the engagement
sich(D) freinehmen: to take time off
zur Hochzeit kommen: to come to the wedding
auf jeden Fall kommen: to come definitely

5.

Du kannst **jederzeit zu Besuch kommen**.
Sie können gerne **jederzeit zu uns zu Besuch kommen**.
Sie ist im 9. Monat schwanger. Das Baby kann **jeden Moment kommen**.
Der Bus kann **jeden Moment kommen**.
Jeden Tag kommt frische Ware in den Laden.
Wo ist Petra? Es ist schon Mitternacht.
- Sie müsste **jeden Augenblick kommen**.

zu Besuch kommen: to come to visit
jederzeit kommen: to come at any time
im 9. Monat Schwanger sein:
to be pregnant in the 9th month
jeden Moment kommen: to come at/in any moment
jeden Tag kommen: to come every day

die Ware -n: product, goods
frische Ware: fresh goods
die Mitternacht -"e: midnight
jeden Augenblick kommen:
to come at any moment

6a.

Ich **kam mit sechs Jahren in die Schule**.
Du **kommst** oft **zu spät in die Schule**. **Komm** bitte **pünktlich**!
Ich soll dir ausrichten, dass du **ins Lehrerzimmer kommen** sollst.
Ich **komme** morgen **ins Krankenhaus** wegen einer OP.
Er war so schwer verletzt, dass er sofort **ins Krankenhaus kam**.

in die Schule kommen: to begin school / to come to school
zu spät in die Schule kommen: to come to school too late:
pünktlich kommen: to arrive on time/punctually
jdm. etwas ausrichten: to tell sb. sth.
das Lehrerzimmer -: teachers' room
ins Zimmer kommen: to come into the room
ins Krankenhaus kommen: to come to the hospital
die OP (Operation): surgery
schwer verletzt: seriously injured

6b.

Er **kommt wegen** Drogenhandels **vor Gericht**.
Der Mann ist **wegen** Diebstahls **vor Gericht gekommen**.
Wegen gefährlicher Körperverletzung **kam** er **ins Gefängnis**.

vor Gericht kommen: to come to court
wegen etwas vor Gericht kommen:
to come to court for sth.
der Drogenhandel: drug trafficking
der Diebstahl -"e: theft

gefährlich: dangerous
die Körperverletzung -en: bodily injury
ins Gefängnis kommen: to go to jail
wegen etwas ins Gefängnis kommen:
to go to jail for sth.

Schritt für Schritt **kam** ich **an das Ziel** meiner Wünsche.
Sei geduldig! Du wirst jeden Tag ein Stück näher **an dein Ziel kommen**.
Um **ans Ziel** zu **kommen**, musst du hart dafür kämpfen.

ans Ziel kommen: to reach the goal
Schritt für Schritt: step by step
der Wunsch -"e: wish
Sei geduldig!: Be patient!
ein Stück näher: ~a little closer
kämpfen für etw.: to fight for sth.

7.

Das Auto **kam von links** mit hoher Geschwindigkeit und prallte gegen einen Baum.
Die Idee für das Treffen mit den alten Schulkameraden **kam von** mir.
Wir **kamen** gestern **von** einer zehntägigen Reise **zurück**.
Wegen der Baustelle auf der Autobahn mussten wir **über** Düsseldorf **nach** Köln **kommen**.

von links / rechts kommen: to come from left / right
die Geschwindigkeit -en: speed
(mit einem Wagen) **gegen etw.(A) prallen**: to crash (one's car) into sth.
gegen einen Baum prallen: to crash into a tree
die Idee -n: idea
der Schulkamerad -en: classmate, schoolmate
von mir kommen: to come from me
zurückkommen: to come back
eine zehntägige Reise: a ten-day trip
die Baustelle -n: roadworks
auf der Autobahn: on the highway
über Düsseldorf kommen: to come via Düsseldorf

8.

auf etw.(A) kommen: to come up with sth.
to conceive (of) sth.

Wie kommst du **darauf**?
Wie kommst du **auf diese Idee**?
Wie kommst du **auf diese Frage**?
Wie kommst du **auf den Gedanken, dass** ich dich betrüge?
Wie kommst du **darauf, dass** ich eifersüchtig auf dich bin?
Wie kommt es, dass du so gut Deutsch sprechen kannst?
Wie kommt es, dass du so viel über die deutsche Geschichte kennst?

Endlich bin ich **auf eine gute Idee gekommen**.
Unter der Dusche **kam** ich **auf eine brillante Idee**.
Ich bin **auf schlechte Gedanken gekommen**, als ich dich mit einem anderen Mädchen sah.
Sie war meine alte Nachbarin, aber ich **komme nicht auf ihren Namen**.

Wie kommst du darauf?: What makes you think that?
auf eine Idee kommen: ~to get an idea,
to come up with an idea, to hit an idea
die Frage -n: question
der Gedanke -n: thought
jdn. betrügen: to cheat sb.
eifersüchtig auf jdn./etw.: jealous of sb./sth.
die Geschichte: history; story
Wie kommt es, dass ...?: How is it that ... ?
Ich komme nicht auf ihren Namen.: ~I can't remember her name.

9.

Du musst warten, bis du **an die Reihe kommst**.
Wer kommt zuerst?
Wer **kommt als Nächster dran**?
Sie **kommen vor mir**.
Sie **kommen** erst **nach mir an die Reihe**.
In der kommenden Woche fahre ich in den Urlaub.
Am kommenden Montag fange ich mit der Arbeit an.

an die Reihe kommen: to be sb's turn, to be next in line
in der kommenden Woche: in the next week
am kommenden Montag: next Monday
mit der Arbeit anfangen: to start work

10.
für jdn. irgendwie kommen: to come as somehow for sb.

jdm. irgendwie kommen: to come as somehow to sb.
jdm. mit etwas kommen: to come to sb. with sth.

Unsere Heirat **kam für** alle **überraschend**.
Das letzte Angebot **kam** mir **gelegen**.
Komm mir nicht **mit so einem Quatsch**!
Kommen Sie **mir** nicht **mit so einer Ausrede**!

die Heirat -en: marriage
überraschend: surprised, unexpected
jdm. gelegen kommen: to be convenient for sb.

Komm mir nicht mit so einem Quatsch! :
Don't come with such a nonsense!
Kommen Sie mir nicht mit so einer Ausrede!:
Don't come with such an excuse!

11.
zu etw. kommen: to happen
(es kommt zu etw.)

Der Lehrer erklärte uns heute, **wie es zum 2. Weltkrieg kam**.
In einem Club **kam es zu einem Streit** zwischen zwei betrunkenen Männern.
Gestern **kam es** auf der Autobahn **zu einem Unfall**, wobei mehrere Menschen verletzt wurden.

erklären: to explain
der Weltkrieg -e: world war
zum Krieg kommen: to come to a war
betrunken: drunk

zu einem Streit kommen: to come to a fight
zu einem Unfall kommen: to come an accident
die Autobahn -en: highway, motorway
verletzt: injured

12.
Ein starker Regen fing an, während ich schwamm. Ich **kam in Gefahr** zu ertrinken.
Nach der finanziellen Krise ist unsere Firma **in eine schwierige Lage gekommen**.
Mein Auto **kam** auf der Autobahn **ins Rutschen**.
Das **kommt** gar nicht **in Frage**!

ein starker Regen: a heavy rain
anfangen: to begin/start
während ich schwamm: while I was swimming
in Gefahr kommen: to get into danger
nach der finanziellen Krise: after the financial crisis
in eine schwierige Lage kommen: to get into a difficult situation:
auf der Autobahn: on the highway
ins Rutschen kommen: to start slipping / skidding
nicht in Frage kommen: to be out of the question

13.
Kommen Sie endlich **zur Sache**.

Nun **komm** doch mal **zur Sache**! Ich habe nicht den ganzen Tag Zeit.
Bei der Schießerei **kamen** viele Polizisten **zum Einsatz**.
Wir müssen langsam **mit** dem Thema **zu einem Ende kommen**.
Die Sache soll endlich **zu einem Ende kommen**.
Diese Sendung ist langweilig geworden. Sie sollte mal langsam **zu einem Ende kommen**.
Du hast so viel geredet und mich nicht **zu Wort kommen** lassen.
Er wollte schnell **zu Geld kommen** und versuchte sein Glück in Glücksspielen.
Ich bin **zu Geld** durch fleißiges Arbeiten **gekommen**.
Ich bin leider **zu der Überzeugung gekommen, dass** mein Freund mich betrogen hat.

zur Sache kommen: to come to the point
den ganzen Tag Zeit haben: to have time all day
die Schießerei -en: shooting, shoot-out
zum Einsatz kommen: to be called into action, to be used/employed/deployed
(mit etw.) zu einem Ende kommen: to come to an end (with sth.)
die Sendung -en: broadcasting, show
langweilig: boring
(nicht) zu Wort kommen: to (not) get a chance to speak
zu Geld kommen: to come into money / to make/earn money
sein Glück versuchen: to try one's luck
zu der Überzeugung kommen, dass ... :
to become convinced that .., to come to the conclusion that ..
jdn. betrügen: to cheat sb.

14.

Man **kommt** hier **zu nichts**.
Mit diesem Tempo werden wir heute **zu nichts kommen**.
Mit diesem Projekt wird unsere Firma **zum Erfolg kommen**.
Der Tag ist heute sehr anstrengend. Ich möchte endlich mal **zur Ruhe kommen**.
Wie **komme** ich **zu der Ehre**, Sie hier zu treffen?
Bei dem Unfall **kamen** zwei Autos leicht **zu Schaden**.
Mein Auto **kam** gestern durch einen unerwarteten Motorschaden **zum Stehen**.
Sein Herz **kam** heute **zum Stillstand**. Er lag jahrelang im Koma.
Ich machte Panik, als mein Auto plötzlich mitten auf der Straße **zum Stillstand kam**.
Niemand **kam** im Feuer **zu Schaden**.
Die Polizei sorgte dafür, dass während der Schießerei niemand **zu Schaden kam**.

zu nichts kommen: to come to nothing
zum Erfolg kommen: to reach success
anstrengend: exhausting
zur Ruhe kommen: to get some peace, to calm down, to come to rest
zu Ehren kommen: to be honored
zu Schaden kommen: to be hurt/injured / to come to harm; ~to have an accident

unerwartete Motorschaden: unexpected engine damage
zum Stehen kommen: to come to a stop/halt
das Herz -en: heart
zum Stillstand kommen: to stop
jahrelang: for years
im Koma legen: to be in a coma
mitten auf der Straße: in the middle of the street
dafür sorgen, dass: to ensure that, to make sure that
die Schießerei -en: shooting, shoot-out

15.

Mixed Sentences

Das Baby ist mit drei Kilogramm Gewicht **auf die Welt gekommen**.
Meine Tante ist bei einem tragischen Verkehrsunfall **ums Leben gekommen**.
Mir war gestern schlecht. Ich habe **einen Arzt kommen lassen**.
Ich habe mir von der Hotellobby **ein Taxi kommen lassen**.

das Gewicht: weight
auf die Welt kommen: to be born
die Tante -n: aunt
der Verkehrsunfall -"e: traffic accident
ums Leben kommen: to die / to lose one's life
einen Arzt kommen lassen: to let a doctor come
ein Taxi kommen lassen: to let a taxi come

Die Handy Reparatur **kommt auf** sechzig Euro.
In der Welt **kommen auf jeden Menschen** etwa 420 Bäume.
In der Sommermode 2019 **sind** bunte Farben **im Kommen**.
Es war doch nur ein Traum. Bitte **komm wieder zu dir**.
Mir kommen die Tränen, wenn ich an meine verstorbene Mutter denke.

kommen auf: to cost
In der Welt kommen auf jeden Menschen etwa 420 Bäume. :
In the world there are around 420 trees per person.
im Kommen sein: popular, to be(come) fashionable
der Traum -"e: dream
wieder zu sich(D) kommen: to come back to oneself again, to regain consciousness
jdm. kommen die Tränen: to start crying
die Träne -n: tear
verstorben: deceased

4. sein: to be

ist, war, ist gewesen

1.

Wer **sind** Sie? - Ich **bin** Paul Schmidt.
Wie alt **sind** Sie? / Wie alt **bist** du? - Ich **bin** 25 Jahre alt.
Was **sind** Sie von Beruf? - Ich **bin** Journalist von Beruf.
Was **ist** er von Beruf?
Er **ist** Programmierer / Ingenieur / Fahrer / Friseur / Lehrer / Koch.
Aus welcher Stadt **sind** Sie? - Ich **bin** aus Köln.
Ich **bin** ledig / verheiratet / geschieden / Single / vergeben.
Bist du es, Mama? - Ja, ich **bin** es.
Wo **ist** der Chef? - Er **ist** in seinem Büro.
Ist da jemand? **Ist** da jemand an der Tür?

Wer sind Sie?: Who are you?
Wie alt sind Sie?: How old are you?
Was sind Sie von Beruf?: What do you do for a living? / What's your occupation?
Aus welcher Stadt sind Sie?: Which city are you from?
der Beruf -e: job, occupation
der Fahrer -: driver
der Friseur -e: hairdresser
der Koch -"e: cook
verheiratet / geschieden: married / divorced
vergeben: not single, taken
im Moment: at the moment
Ist da jemand an der Tür?: Is there someone at the door?

2.

Das ist meine Brille / ihre Tasche / sein Buch / Ihre Jacke.
Wessen Auto ist das? - Das ist das Auto meiner Freundin.
Das Mädchen mit den langen blonden Haaren **ist** meine Tochter.
Du siehst traurig aus. **Was ist los?**

Das ist ... : This is ...
die Brille -n: glasses
die Tasche -n: bag
das Buch -"er: book
die Jacke -n: coat
Wessen Auto ist das?: Whose car is that?
das Auto meiner Freundin: my girlfriend's car
das Mädchen mit den langen blonden Haaren: the girl with the long blonde hair
die Tochter -": daughter
traurig aussehen: to look sad
Was ist los?: What's happening?

3.

Mir **ist** es egal.
Mir **ist** kalt / langweilig / schlecht / übel.
Mir **ist** schlecht. Ein Tee würde mir guttun.
Ich habe die Heizung angemacht, weil mir kalt **ist**.
Diese Jacke **ist** schick / hässlich / neu / alt / billig / teuer.
Die Wohnung **ist** groß und hell aber die Miete **ist** mir zu teuer.
Bist du müde / fertig?
Ich **bin** mir nicht sicher, ob sie noch ledig **ist**.

Mir ist es egal. : I don't care.
Mir ist kalt. : I'm cold.
Mir ist es langweilig. : I'm bored.
Mir ist schlecht. : I feel sick.
Mir ist übel. : I am sick. / I feel sick.
jdm. guttun: to do sb. well/good
die Heizung -en: heating, heater
schick / hässlich: chic, stylish, fashionable / ugly
billig / teuer: cheap / expensive
anmachen: to turn on
die Miete -n: rent
müde / fertig: tired / ready
Ich bin mir nicht sicher. : I'm not sure.
ledig: single

4.

Die Getränke **sind im Kühlschrank**.
Die Teller **sind** schon **auf dem Tisch**. Du kannst das Besteck bringen.
Das Buch, wonach du suchst, **ist im Regal**.
Der Chef **ist im Büro** und möchte nicht gestört werden.
Wir **sind** ab nächster Woche mit der ganzen Familie **im Urlaub**.

das Getränk -e: drink
im Kühlschrank: in the refrigerator
der Teller -: plate
auf dem Tisch: on the table
das Besteck bringen: to bring the cutlery
das Buch, wonach du suchst: the book you are looking for
im Regal: on the shelf
im Büro: in the office
nicht gestört werden: to not be disturbed
ab nächster Woche: from next week
im Urlaub: on vacation

5.

Wo **bist** du Schatz?
Ich **bin zu Hause** / **in der Küche** / **in der Schule** / **auf der Arbeit** / **draußen**.
Ich **bin** gerade **auf der Arbeit**. Lass uns später telefonieren.
Ich **bin** im Moment in Frankfurt, aber morgen fahre ich wieder zurück nach Köln.
Wir **sind unterwegs** zum Flughafen. Ich hoffe, dass wir den Flieger nicht verpassen.
In unserer Küche **ist** Schimmel **an der Wand**. Was kann ich dagegen tun?
Er hat das Geld überwiesen. Es müsste morgen **auf meinem Konto sein**.
Die Praxis von Dr. Schulz **ist in der zweiten Etage**.

Wo bist du Schatz?: Where are you sweetheart?
der Schatz: sweetheart, darling, honey; treasure
in der Küche: in the kitchen
in der Schule: at school
auf der Arbeit: at work
draußen: outside
lass uns: let us
später telefonieren: to call later
Ich bin unterwegs. : I'm on the road. / I'm on my way.
unterwegs zum Flughafen sein: to be on the way to the airport
hoffen: to hope
den Flieger verpassen: to miss the plane
der Schimmel: mold
an der Wand: on the wall
dagegen tun: to do against this
Geld überweisen: to transfer money
(Geld) auf meinem Konto sein: to be in my account
die Praxis - die Praxen: doctor's office
in der zweiten Etage sein: to be on the second floor

6.

Wie spät ist es? Es ist viertel nach sieben.
Welcher Tag ist heute? - Heute **ist** Freitag, letzter Arbeitstag.
Der wievielte ist heute? - Heute **ist** der zweite März.
Wann ist der Termin? - Der Termin **ist** am Dienstag, dem zehnten Zweiten (Februar).
Welchen Monat haben wir? - **Es ist** September.
Es ist sonnig / heiß / windig / bewölkt.

Wie spät ist es?: What time is it?
Welcher Tag ist heute?: What day is today?
letzter Arbeitstag: last working day
Der wievielte ist heute?: What is the date today?
der Termin -e: appointment

Welchen Monat haben wir?: *What month is it?*
Es ist sonnig / heiß / windig / bewölkt. : *It is sunny / hot / windy / cloudy.*

7.

Vergangenheit (*Präteritum - Perfekt - Hilfsverb*)
past tense

Gestern **war** ich krank.
Ich **war** letzte Woche in Hamburg.
Ihr **wart** auf der Bühne sehr erfolgreich.
Seit einer Woche habe ich dich nicht gesehen. Wo **warst** du denn?
Ich habe auf dich gewartet. Wo **warst** du so lange?
Warum **warst** du nicht in der Schule? - Ich **bin** krank **gewesen**.
Hätten Sie noch einen Wunsch? - Das **war**'s. Danke schön.
Vor zwei Monaten **bin** ich <u>operiert worden</u>.
Ich **bin** mit dem Auto zur Arbeit <u>gefahren</u>.
Sie **sind** im Wald wandern <u>gegangen</u>.

krank: *sick, ill*
auf der Bühne: *on the stage*
einen Wunsch haben: *to have a wish*
Das war's. : *That's it.*
operieren: *to operate*
im Wald wandern gehen: *to go hiking in the forest*

8.

Imperativ

(du) - **Sei** geduldig!: *Be patient!*
(ihr) - Kinder, **seid** bitte leise!: *Children, please be quiet!*
(Sie) - Sie sind wieder zu spät. **Seien Sie** bitte pünktlich!:
You're late again. Please be on time!

sein + Modalverben

Könntest du mir beim Aufräumen helfen? - **Muss das jetzt sein?**
Das kann doch nicht wahr sein!
Denkst du, dass Julia mich mag? - **Kann sein.**
Es kann sein, dass ich morgen beschäftigt bin.

beim Aufräumen helfen: *to help tidy up*
Muss das jetzt sein?:
Does this really have to be now?
Das kann doch nicht wahr sein!:
That can not be true!

Kann sein. : *May be.*
Das kann sein. : *It can be.*
Es kann sein, dass ... : *It may be that ...*
beschäftigt: *busy*

9.

sein + zu + Infinitiv

In Berlin **sind** viele Sehenswürdigkeiten **zu besichtigen**. (Möglichkeit)
Die Hausaufgaben **sind** bis morgen **zu machen**. (Notwendigkeit)
Das Zimmer **ist** immer ordentlich und sauber **zu halten**. (Forderung)
Mathematik **ist** manchmal schwer **zu verstehen**. (können)

die Möglichkeit -en: possibility, opportunity
die Sehenswürdigkeit -en: sight, point of interest
die Notwendigkeit -en: necessity
die Hausaufgabe -n: homework
die Forderung -en: demand
ordentlich und sauber halten: to keep it tidy and clean
schwer: difficult; heavy

10.

sein | Konjunktiv II

Es wäre besser, wenn du zur Arbeit mit dem Auto fahren würdest.
Es wäre besser gewesen, wenn wir für die Prüfung mehr gelernt hätten.
Es wäre schön, dass du mich am Wochenende besuchen könntest.
Es wäre schön, wenn ihr auf meiner Aufführung dabei sein würdet.
Wenn ich reich wäre, würde ich eine Weltreise machen.
Was würdest du tun, **wenn du reich wärst**?
Was würdest du alles machen, **wenn du Kanzler wärst**?
Wenn er nicht gewesen wäre, hätte ich die ganze Arbeit nicht schaffen können.
Wie wäre es mit einer Tasse Kaffee?

würden: would
Es wäre besser, wenn ... : It would be better, if
Es wäre besser gewesen, wenn ... : It would have been better, if
die Prüfung -en: exam
Es wäre schön, dass / wenn ... : It would be nice that / if
die Aufführung -en: performance
Wenn ich reich wäre, würde ich ... : If I were rich, I would ...
eine Weltreise machen: to travel around the world
Was würdest du tun, wenn du reich wärst?: What would you do, if you were rich?
der Kanzler -: chancellor
wenn du Kanzler wärst: if you were chancellor
Wenn er nicht gewesen wäre, ... : If it hadn't been for him

schaffen: to accomplish, to manage, to create
Wie wäre es mit jdm./etw.?: How about sb./sth.?

11.

Mixed Sentences

Meine Freundin **ist dafür**, dass ich in ihre Wohnung einziehe.
Ich **bin dagegen**, dass wir unser Haus verkaufen.
Meine Mutter **ist dagegen**, dass ich rauche.
Ich **bin** etwas **in Eile**. Können wir ein anderes Mal reden?
Es sind viele Leute auf dem Konzert.
Heute sind es 10 Jahre, dass wir verheiratet sind.

dafür sein: to be in favor, to be for
dagegen sein: to be against
in eine Wohnung einziehen: to move into an apartment
verkaufen: to sell
rauchen: to smoke
in Eile sein: to be in a hurry
ein anderes Mal reden: to talk another time
Es sind viele Leute. : There are a lot of people.
Heute sind es 10 Jahre, dass wir verheiratet sind. :
It's been 10 years today that we've been married.

es sei denn, (dass) ... : unless (that) ...
Ich treffe mich morgen mit meiner Freundin, **es sei denn, dass** nichts dazwischenkommt.
Am Samstag grillen wir mit der ganzen Familie, **es sei denn,** es regnet an dem Tag.
Ich bin um Punkt 15 Uhr am Treffpunkt, **es sei denn, dass** sich die Bahn verspäten würde.

sich(A) treffen mit: to meet
dazwischenkommen: to interfere, to get between, to get in the way
am Treffpunkt: at the meeting point
sich(A) verspäten: to be late

5. haben: to have
hat, hatte, hat gehabt

1.

Wie viele **Geschwister hast** du?
Ich **habe drei Geschwister**.
Ich **habe einen Bruder** und **zwei Schwestern**.
Ich **habe eine große / kleine Familie**.
Wie viele **Kinder haben** Sie?
Ich **habe keine Kinder / ein Kind / zwei Kinder**.
Ich **habe einen Sohn** und **eine Tochter**.
Hast du **einen Hund oder eine Katze**?
Ich **habe zwei Hunde** aber **keine Katze**.
Er **hat viel Geld** und **viele Freunde**.
Ich **habe kein Geld dabei**. Könntest du mir 50 Euro leihen?

die Geschwister (pl.): siblings
der Bruder -": brother
die Schwester -n: sister
die Familie -n: family
das Kind -er: child
der Sohn -"e: son
die Tochter -": daughter

der Hund -e: dog
die Katze -n: cat
das Geld: money
der Freund -e: friend
etw. dabeihaben: to have sth. on oneself
jdm. etwas leihen: to lend sb. sth.

2.

Ich hab's.
Ich habe dich lieb.
Hast du **ein Auto**? - Nein, ich **habe kein Auto**.
Mein Auto **hat neue Winterreifen**.
Ich **habe eine eigene Wohnung / ein eigenes Haus**.
Mein Traum ist, **ein eigenes Auto** und **eine eigene Wohnung** zu **haben**.
Kann ich bitte noch **etwas Brot haben**?
Kann ich bitte **das Salz haben**?
Hier **hast** du **das Buch**, das du dir so sehr gewünscht hast.
Woher **hast** du **deine Handtasche**? Sie sieht sehr außergewöhnlich aus.

Ich hab's. : I have it.
Ich habe dich lieb. : I love you.
ein Auto haben: to have a car
der Winterreifen -: winter tire
eine eigene Wohnung haben: to have one's own flat

ein eigenes Haus haben: to have one's own house
der Traum -"e: dream
das Salz: salt
sich(D) wünschen: to wish for / to make a wish
die Handtasche -n: handbag, purse
aussehen: to look
außergewöhnlich: extraordinary

3a.

Ich **habe Hunger / Durst**.
Ich **habe großen Hunger / Durst**.
Hast du **Hunger**? - Nein, ich **habe keinen Hunger**.
Hast du **Durst**? Soll ich dir Wasser holen?
Nein, ich **habe keinen Durst**.
Seitdem ich dieses Medikament nehme, **habe** ich **ständig Hunger**.

Hunger haben: to be hungry
Durst haben: to be thirsty
Wasser holen: to bring water
seitdem: since
Medikament nehmen: to take medicine
ständig: always, constantly

3b.

Ich **habe Kopfschmerzen / Rückenschmerzen / Fieber / Husten**.
Seit heute Morgen **habe** ich **Fieber** und **Kopfschmerzen**.
Haben Sie **etwas gegen Kopfschmerzen**?
Letzte Nacht **hatte** ich mindestens **40 Grad Fieber**.
Was hast du? - Nichts Ernstes. Ich habe mich nur etwas erkältet.

Kopfschmerzen haben: to have a headache
Rückenschmerzen haben: to have back pain
Fieber haben: to have fever
Husten haben: to have a cough
Haben Sie etwas gegen Kopfschmerzen?:
Do you have anything/sth. for a headache?
mindestens: at least
nichts Ernstes: nothing serious
sich(A) erkälten: to catch a cold

4.

Den Wievielten haben wir heute?: *What is today's date?*
Heute **haben wir den fünften August**. : *Today is August 5th.*
Welchen Tag haben wir heute? : *What day is it today?*
Welchen Tag haben wir morgen? : *What day is tomorrow?*
Morgen **haben wir den Mittwoch**.: *Tomorrow is Wednesday.*

Wann **hast** du **Feierabend**?
Ich **habe Feierabend** um 17:00 Uhr.
Hast du am Samstag **Zeit**?
Hast du **Zeit** für eine Tasse Kaffee?

der Feierabend: end of the work day
Zeit haben: to have time
eine Tasse Kaffee: a cup of coffee

5.

Heute **haben** wir **schönes Wetter**.
Heute **haben** wir **wunderbares Wetter** zum Grillen.
Hast du dieses Jahr noch **Urlaub**?
Hattest du schon mal **eine Beziehung**?
Wir **hatten eine Beziehung**, die nur 2 Monate dauerte.
Ich **habe** 10 Jahre **Erfahrung** mit Computern.

Heute haben wir schönes Wetter.
Today we have nice weather.
wunderbares Wetter haben: to have wonderful weather
der Urlaub -e: holiday, vacation
eine Beziehung haben: to have a relationship
dauern: to take (time)
die Erfahrung -en: experience

6.

Der junge Mann **hat schöne blaue Augen**.
Sie **hat lange schwarze Haare** und **dunkelbraune Augen**.
Achte auf deine Ernährung und treibe regelmäßig Sport, um **eine schlanke Figur** zu **haben**.

das Auge -n: eye
lange schwarze Haare haben: to have long black hair
dunkelbraune Augen haben: to have dark brown eyes
die Ernährung -en: nutrition
auf die Ernährung achten: to pay attention to the nutrition
regelmäßig Sport treiben: to do sports regularly
eine schlanke Figur haben: to have a slim figure

Ich **habe ein schlechtes / gutes Gedächtnis**.
Haben Elefanten wirklich **ein gutes Gedächtnis**?
In letzter Zeit vergesse ich häufig vieles. Ich **habe ein sehr schlechtes Gedächtnis**.
Mein Sohn **hat ein gutes Gedächtnis**. Er kann sich alles merken.
Das Aussehen reicht nicht aus. Man sollte **ein gutes Herz haben**.

das Gedächtnis -se: memory
ein schlechtes Gedächtnis haben:
to have a bad memory
der Elefant -en: elephant
in letzter Zeit: lately, recently

häufig: often
sich(D) merken: to remember
ausreichen: to be enough, to suffice
ein gutes Herz haben: to have a good heart

7.

Hier ist Ihre Bestellung. **Haben** Sie noch **einen anderen Wunsch**?
Die Ärzte **haben** noch **Hoffnung**, dass der Patient wieder gesund wird.
Wenn du **Lust hast**, können wir uns wiedersehen.
Wenn ich **schlechte Laune habe**, gehe ich ins Fitnessstudio.
Nach dem Torschuss **haben** die Fans auf der Tribüne **gute Stimmung**.
Ich möchte wohlhabend sein und **keine finanziellen Sorgen haben**.
Ich **habe keinen Zweifel daran**, die bevorstehende Prüfung zu bestehen.

einen Wunsch haben: to have a wish
Hoffnung haben: to have hope
der Patient -en: patient
Lust haben: to feel like
schlechte / gute Laune haben: to be in a bad / good mood
der Torschuss -"e: goal
die Stimmung -en: mood, atmosphere
gute Stimmung haben: to have a good mood
wohlhabend: wealthy, well-to-do, prosperous
Sorgen haben: to be worried
Zweifel an etwas haben: to have doubts about sth.
die bevorstehende Prüfung bestehen: to pass the upcoming exam

8.

Hab Geduld!
Bitte **hab ein bisschen Geduld**!
Hab noch etwas Geduld. Das Essen ist gleich fertig.
Hab keine Angst. Ich bin bei dir.
Du brauchst **keine Angst** zu **haben**.
Viele Menschen **haben Angst vor** dem Tod.
Er mag dich sehr, aber **hat keinen Mut** dich anzusprechen.
Ich **habe noch keine Erfahrung in** diesem Bereich.

Geduld haben: to have patience
keine Angst haben: to have no fear
Angst vor dem Tod haben: to be afraid of death
keinen Mut haben: to have no courage
jdn. ansprechen: to speak to sb.
Erfahrung in etw.(D) haben: to have experience in sth.

9. Hilfsverb

Ich **habe** es geschafft!
Es **hatte** kurz aber heftig geregnet.
Nachdem wir gegessen **hatten**, gingen wir ins Kino.
Wir **haben** eine 4-Zimmer Wohnung mit Garten gemietet.
Du **hast** dich nach all den Jahren nicht verändert. Du bist immer noch so hübsch.
Warum **hast** du dich stundenlang nicht gemeldet? Ich **habe** mir Sorgen gemacht.

schaffen: to accomplish, to make,
to create, to manage
heftig: heavily, strongly
eine Wohnung mieten: to rent a flat
nach all den Jahren: after all this years
sich(A) verändern: to change

immer noch: still
hübsch: pretty
stundenlang: for hours
sich(A) melden: to get in touch, to be in touch
sich(D) Sorgen machen: to worry

10.

Haben Sie **etwas dagegen**, wenn ich rauche?
Nein, ich **habe nichts dagegen**, wenn Sie rauchen.
Hast du **was dagegen**, wenn wir die Möbel umstellen?
- Nein, ich **habe nichts dagegen**.
Warum **hast** du **etwas gegen** sie? Sie ist doch ganz nett.

etwas/nichts gegen jdn./etw. haben:
to have sth./nothing against sb/sth.
etwas dagegen haben: to mind
Haben Sie etwas dagegen, wenn ...?: Do you mind if ...?
rauchen: to smoke
umstellen: to move, to change sth. round, to reorder
Ich habe nichts dagegen. : I don't mind.
ganz nett: very nice

11.

Ich **habe noch sehr viel Arbeit** vor mir.
Ich **habe** heute **noch sehr viel zu tun**.
Hast du **etwas zu trinken** für mich da?
Ich **habe** für die Prüfung **noch viel zu lernen**.
Du hast hier nichts zu suchen!

etwas zu tun haben: to have sth. to do
für die Prüfung lernen: to learn for the exam
Du hast hier nichts zu suchen! : ~ You have no business here.

Das hat nichts mit dir zu tun.
Ich **habe nichts mit dieser Sache zu tun**.

etwas/nichts mit jdm./etw. zu tun haben:
to have sth./nothing to do with sb./sth.
nichts mit dir zu tun haben: to have nothing to do with you
nichts mit dieser Sache zu tun haben:
to have nothing to do with this matter/thing

12.

Leider **ist** die Tasche im Geschäft nicht mehr **zu haben**. Ich hatte sie mir so sehr gewünscht.
Ich interessiere mich für sie. Weißt du, ob sie **noch zu haben ist**?

das Geschäft -e: store
zu haben sein: to be available
noch zu haben sein: to be still single
sich(A) interessieren für: to be interested in

Der Pilot ruht sich im Hotelzimmer aus. Er **hatte einen langen Flug hinter sich**.
Endlich **habe** ich **die anstrengende Prüfungszeit hinter mir**.
Ich bin dankbar eine Familie zu haben, **die** ich in guten und in schlechten Zeiten **hinter mir habe**.

sich(A) ausruhen: to rest, to take/have a rest
etwas hinter sich(D) haben: to have sth. behind
einen langen Flug: a long flight
die anstrengende Prüfungszeit: the exhausting exam time
in guten und in schlechten Zeiten: in good and bad times
jdn. hinter sich(D) haben: to be supported by sb.

13.

a) Mit etwas hat es sich. : ~It's over, it's all right, that's it

Leider wird es am Samstag regnen. **Mit dem Grillen hat es sich** erst mal.
Sag ihr einfach, wie toll du sie findest, und **damit hat es sich**.
Wenn er sich noch mal zu Hause verspäten sollte, kriegt er Hausarrest. **Damit hat es sich!**
Es bleibt noch ein Dokument für die Einbürgerung einzureichen. **Damit hat es sich** dann wohl.
Damit hat es sich!

und damit hat es sich: and that's it!
sich(A) verspäten: to be late
Hausarrest kriegen: to get house arrest
die Einbürgerung -en: naturalization
einreichen: to submit
Damit hat es sich!: That's the end of that!

b) Was hat es damit auf sich? : What's it all about? / What does it mean?

Was hat es mit den blauen Doppelhäkchen bei WhatsApp **auf sich**?
Die Katzen schnurren sehr oft. **Was hat es damit auf sich?**

(Damit hat es nichts auf sich. : It doesn't mean anything.)
das Doppelhäkchen: double check mark
schnurren: to purr

c) etwas hat es in sich: sth. is tough / not simple

Sei vorsichtig mit diesem Medikament. Seine Wirkung **hat es in sich**.
Meine Idee für unser neues Projekt **hat es in sich**.
Die Prüfung **hatte es in sich**. Konntest du alle Aufgaben lösen?
Der Whisky von gestern Abend **hatte es in sich**. Ich konnte heute Morgen nicht zu mir kommen.

sei vorsichtig (mit): be careful (with)
das Medikament -e: medicine
die Wirkung -en: effect
die Idee -n: idea
die Prüfung -en: exam
die Aufgabe -n: task, exercise, problem, question, homework
eine Aufgabe lösen: to solve a problem
zu sich(D) kommen: to come to oneself, to wake up, to regain consciousness

6. werden: to become, to get
wird, wurde, ist geworden

1.

Wenn ich mal groß bin, **werde** ich **Pilot**.
Was willst du **werden**, wenn du groß bist? - Ich möchte Lehrer **werden**.
Prima! Deine Noten **werden** immer **besser**.
Er hat jahrelang hart gearbeitet, um **reich** zu **werden**.
Ruh dich ein paar Tage aus. Bald **wirst** du wieder **gesund**.
Zieh dir etwas Warmes an. Abends **wird** es immer so **kalt**.
Nächste Woche ist mein Geburtstag. Ich **werde 30 Jahre alt**.
Alles **wird** wieder **gut**. Ich möchte nicht, dass du traurig wirst.
Lass uns schlafen. Es ist **spät geworden**. Wir können morgen weiter telefonieren.

Pilot / Lehrer werden: to become a pilot / teacher
die Note -n: grade
besser werden: to get better
jahrelang hart arbeiten: to work hard for years
reich werden: to become rich
sich(A) ausruhen: to rest

gesund werden: to be healthy
kalt werden: to get cold
sich(D) etwas anziehen:
to get dressed, to put sth. on
traurig: sad
spät werden: to get late

2.

jdm. wird es irgendwie

Meinen Kindern **wird** es im Auto immer **schlecht**.
Kannst du bitte die Heizung abstellen? Mir **wird** es langsam **zu warm**.

die Heizung abstellen: to turn off the heater

3.

etwas werden: to become sth.
aus jdm. etwas werden

Seine Frau ist schwanger. Er **wird** bald **Vater** von Zwillingen!
Meine Tochter wird dieses Jahr studieren. Sie will **Ärztin werden**.
Deine Stimme ist wunderschön. **Aus dir wird** bestimmt mal **eine berühmte Sängerin**.

schwanger: pregnant
Vater werden: to become a father
der Zwilling -e: twin
Ärztin werden: to become doctor (female)

die Stimme -n: voice
bestimmt: definitely
eine berühmte Sängerin werden:
to become a famous singer

4.
zu etwas werden (sich entwickeln): to become sth., to turn into sth.

Die Meeresverschmutzung **wird zu einer großen Gefahr** für die Tiere.
Ich mache jeden Morgen Sport. Das ist bei mir **zur Gewohnheit geworden**.

die Meeresverschmutzung -en: marine pollution
die Gefahr -en: danger, threat
zu einer großen Gefahr werden: to become a major threat
das Tier -e: animal
zur Gewohnheit werden: to become a habit

5.
(Zeit ausdrücken: to express time)
es wird ...

Ich muss jetzt nach Hause. **Es wird** gleich **dunkel**.
Beeil dich! Der Flug ist um 18 Uhr. Sonst **wird es** noch **zu spät**.
Ich bekomme überall Pickel. **Es wird Zeit**, einen Hautarzt zu besuchen.

Es wird dunkel / zu spät. : It's getting dark / late.
sich(A) beeilen: to be quick, to hury (up)
der Flug -"e: flight
sonst: or (else), otherwise
der Pickel -: pimple
Es wird Zeit, etwas zu tun. : It's time to do sth.
einen Hautarzt besuchen: to see (visit) a dermatologist

Als Hilfsverb

Futur
Wir haben ein Haus gekauft und **werden** nächsten Monat **umziehen**.

Passiv
Mein Buch **wird** nächsten Monat **veröffentlicht**.
Der Täter **wurde** wegen des Diebstahls **bestraft**.

Konjunktiv
Ich **würde** gerne **mitkommen**, aber ich habe noch so viel zu tun.

umziehen: to move
veröffentlichen: to publish
der Täter -: perpetrator, culprit, offender
wegen des Diebstahls: because of the theft
bestrafen: to punish, to sentence, to fine
zu viel zu tun haben: to have too much to do

7. machen: to make, to do
macht, machte, hat gemacht

1.

etwas machen: to make sth.
sich(D)/jdm. etwas machen: to make sth. for oneself / sb.

Morgens **mache** ich **mir einen starken Kaffee**, um fit in den Tag zu starten.
Meine Mutter hat **mir einen leckeren Schokokuchen gemacht**.
Ich bin auf Diät. Ich werde **mir** zum Abendessen **einen Salat mit Hähnchenbrust machen**.
Könnten Sie **ein Foto von uns zwei machen**?
Ich **mache** jeden Morgen **mein Bett**, bevor ich zur Schule gehe.
Wir haben viel gearbeitet. Lass uns **eine Pause machen**.
Nimm es nicht so ernst. Ich **mach** doch nur **Spaß**.
Bist du schon mal Achterbahn gefahren? Das **macht** richtig Spaß!

sich(D) einen Kaffee machen: to make oneself a coffee
stark: strong
jdm. einen Kuchen machen: to make sb. a cake
lecker: delicious
zum Abendessen: for dinner
[sich(D)] einen Salat Hähnchenbrust machen:
to make a salad with chicken breast
ein Foto von jdm./etw. machen: to take a photo of sb./sth.
das Bett machen: to make the bed
eine Pause machen: to have a break
jdn./etw. ernst nehmen: to take sb./sth. seriously
Nimm es nicht so ernst. : Don't take it too seriously.
(nur) Spaß machen: to be (just) kidding
Ich mach doch nur Spaß. : I'm just kidding.
Achterbahn fahren: to ride rollercoaster
Das macht richtig Spaß. : It's really fun!

2.

Ich habe die Vase aus Versehen **kaputt gemacht**.
Sollen wir **einen Spaziergang** durch den Park **machen**?
Ich **mache** gleich **einen Spaziergang** mit meinem Hund. Möchtest du mitkommen?
Nächstes Jahr werden wir **eine Reise** nach Griechenland **machen**. Ich bin sehr gespannt darauf!
Jetzt lese ich den Text auf Deutsch vor. Kannst du mich bitte korrigieren, wenn ich **einen Fehler mache**?

die Vase -n: *vase*
aus Versehen: *accidentally, by mistake*
etw. kaputt machen: *to break sth.*
einen Spaziergang machen: *to go for a walk*
durch den Park: *through the park*
eine Reise machen: *to go on a journey / trip*
gespannt auf: *to look forward to, curious, excited*
durchlesen: *to read through*
korrigieren: *to correct*
einen Fehler machen: *to make a mistake*

3.

Schön dich zu sehen. Und, **was machst du** so?
Was **machst** du am Wochenende?
Was hast du im Urlaub **gemacht**?
Was **machen** Sie beruflich? - Ich bin Informatiker.
Was **macht** deine Schwester? Besucht sie noch die Schule?
Was **macht** dein Studium? Wann fangen die Prüfungen an?
Was **macht** deine Gesundheit? Du hattest dich letztens nicht gut gefühlt.
Was soll ich jetzt machen?
Der Autoreifen ist geplatzt! **Was soll ich jetzt machen**? - Ruf die Pannenhilfe an.

Was machst du?: *What are you doing?*
am Wochenende: *on the weekend*
im Urlaub: *on holiday / vacation*
Was machen Sie beruflich?:
What do you do for a living?
der Informatiker -: *computer specialist*

anfangen: *to start, to begin*
die Gesundheit: *health*
letztens: *recently*
sich(A) fühlen: *to feel*
Was soll ich jetzt machen?:
What should I do now?

4.

Das **macht** mich **verrückt / nervös / traurig**.
Im Garten zu arbeiten **macht** mich **glücklich** und **gesund**.
Du hast mich mit deiner Überraschung sehr **glücklich gemacht**.
Dein Schmatzen **macht** mich **wütend**!

jdn. verrückt machen: *to drive sb. crazy*
nervös: *nervous*
traurig: *sad*
jdn. glücklich machen: *to make sb. happy*
gesund: *healthy*
die Überraschung -en: *surprise*
schmatzen: *to eat/drink noisily*
wütend: *furious, irate, angry*

5.

Mach dir keine Angst!
Mach dir keine Sorgen!
Ich **mache mir Sorgen um dich.**
Machen Sie sich keine Sorgen um mich!
Wo warst du denn? Ich **habe mir viele Sorgen um dich gemacht.**
Mach dir keine Umstände. Ich kann das schon allein machen.
Ich kann dich gerne zur Arbeit fahren.
- Danke. **Mach dir jetzt keine Umstände** wegen mir.
Mach's dir bequem!
Machen Sie es sich bequem.

sich(D)/jdm. Angst machen: to be scared / to frighten sb.
sich(D) Sorgen machen: to worry
sich(D) um jdn./etw. Sorgen machen: to worry about sb./sth.
sich(D) Umstände machen: to go to a lot of effort
es sich(D) bequem machen: to make oneself comfortable

6.

Mach dich nicht lächerlich!
Mach dich nicht lustig über mich!
Es ist unverschämt, **sich über andere lustig zu machen.**
Für heute Abend hat sie **sich besonders hübsch gemacht.**
Sie hat **sich** für ihre erste Verabredung mit ihrem Freund **hübsch gemacht.**
Sie hat **sich** auf der Arbeit durch ihre Sympathie **beliebt gemacht.**
Ich **mach mich** jetzt **auf den Weg** zu dir nach Hause.
Ich **mache mich** immer zu spät **auf den Weg** zur Arbeit.
Kannst du **dich auf Spanisch verständlich machen**?
Ihm fällt es schwer, **sich verständlich** zu **machen**, weil er nicht so gut Deutsch kann.

sich(A) lächerlich machen: to make a fool of oneself
sich(A) lustig über jdn./etw. machen: to make fun of sb./sth.
unverschämt: impertinent, insolent, outrageous
sich(A) hübsch machen: to make oneself look pretty
die Verabredung -en: appointment, date, meeting
sich(A) beliebt machen: to make oneself popular
sich(A) auf den Weg machen: to go on one's way, to hit the road
sich(A) verständlich machen: to make oneself understood
Kannst du dich auf Spanisch verständlich machen?:
Can you make yourself understood in Spanish?
jdm. schwerfallen: to be difficult for sb.
es fällt jdm schwer, etw zu tun: it is difficult / hard for sb. to do sth.

Mach dich an die Arbeit!
Es gibt noch so viel zu tun. Wir müssen **uns an die Arbeit machen**.

sich(A) an etw.(A) machen: to get to work on sth. / to start with sth. (work, job, task)
sich(A) an die Arbeit machen: to get to work

7.

Was macht das?
Das macht zusammen 20 EUR.
Wieviel macht das?
5 mal 5 **macht** 25.

Was macht das? / Wie viel kostet das? : How much does it cost?

8.

Mach's gut!
Nun mach schon! Der Zug fährt gleich ab!
Macht nichts.
Tut mir leid für meine Verspätung. - **Macht nichts**.
Da ist nichts zu machen.
Der Tumor hat sich im Körper sehr weit ausgebreitet. **Da ist nichts** mehr **zu machen**.
So ist es nun mal. **Da kann man nichts machen**.

Mach's gut! : Take care!
Mach schon! : Come on!
Macht nichts. : Never mind. / Don't worry about it.
die Verspätung -en: delay
sich(A) ausbreiten: to spread
Da ist nichts zu machen. : Nothing can be done.

9a.

Mach keinen Lärm!
Mein Nachbar, der über mir wohnt, **macht ständig Lärm**.
Es hat **mir große Freude gemacht**, dass du meine Einladung angenommen hast.
Auf dem Campingplatz haben wir **Feuer gemacht** und saßen gemütlich am Feuer.
Mach bitte zuerst **deine Hausaufgaben**, bevor du fernsiehst.

Lärm machen: to make a noise
jdm. eine große Freude machen: to make sb. very happy, to make sb.'s day

eine Einladung annehmen: to accept an invitation
Feuer machen: to light a fire, to make a fire
am Feuer sitzen: to sit by the fire
die Hausaufgaben machen: to do the homework
bevor du fernsiehst: before you watch TV

9b.

Kannst du hier mal bitte **Licht machen**? Man sieht hier gar nichts.
Bevor wir mit der Teambesprechung anfangen, möchte ich **eine Bemerkung machen**.
Beim Vorstellungsgespräch habe ich **einen guten Eindruck gemacht**.
Ihr neuer Freund **macht auf mich einen freundlichen Eindruck**.
Ich möchte **dir keine falschen Hoffnungen machen**.
Heute hat Julia **mit mir Schluss gemacht**. Ich bin sehr traurig.

Licht machen: to switch on the light
die Teambesprechung -en: team meeting
eine Bemerkung machen: to make a remark/comment, to pass a remark
das Vorstellungsgespräch -e: interview
auf jdn. einen guten Eindruck machen: to make a good impression on sb.
jdm. Hoffnungen machen: to give sb. hope
mit jdm. Schluss machen: to break up with sb.

10.

Du hast die Prüfung bestanden. **Gut gemacht!**
Räumst du bitte das schmutzige Geschirr in die Spülmaschine? - **Wird gemacht!**
Sie hat **sich** vom Friseur **eine Haarpflege machen lassen**.
Mein Spielzeug ist kaputt. - Keine Sorge. **Das lässt sich schon machen**.

Gut gemacht! : Well done!
Wird gemacht! : No problem! / Will do.
jdm./sich(D) etw. machen lassen: to have sth. made for sb./oneself
die Haarpflege: hair care
das Spielzeug -e: toy
Das lässt sich schon machen. : That can be done.

Mami, ich habe **mir in die Hose gemacht!**
Du hast **mir mein Leben zur Hölle gemacht!**

sich(D) in die Hose machen: to pee one's pants
jdm. das Leben zur Hölle machen: to make sb.'s life hell

8. gehen: to go, to leave, to work
geht, ging, ist gegangen

1.

Wie geht es dir? - Danke, **es geht mir gut**. Und dir?
Wie geht es Ihnen? - Danke, **es geht mir gut**. Und Ihnen?
Mir geht es nicht gut.
Wie geht es deinen Kindern?
Wie geht es deinen Eltern?
Wie geht es deinem Vater?
Wie geht es deiner Mutter?
Mir ging es in der letzten Zeit miserabel.
Ich habe **mich krankschreiben lassen**. In letzter Zeit **geht es mir nicht gut**.

Wie geht es dir?: How are you?
Wie geht's Ihnen?: How are you? (formal)
Es geht mir gut. : I'm fine.
in der letzten Zeit: recently
sich(A) krankschreiben lassen: to take sick leave

2.

irgendwohin gehen: to go somewhere

Ich **gehe auf** den Balkon, auf den Markt, auf das Konzert, auf die Party, auf die Toilette.
Ich **gehe zur** Schule, zur Post, zur Bank, zur Party, zum Supermarkt, zum Arzt.
Ich **gehe in** die Schule, in die Post, in den Supermarkt, in die Bank.
Ich **gehe ins** Restaurant, ins Café, ins Kino, ins Theater, ins Museum, ins Zimmer, ins Bett.
Ich **gehe ans** Meer, an den See, an den Fluss, an den Strand.
Ich **gehe auf** die Universität, **auf** das Gymnasium, **in** die Schule.

3.

Ich **gehe spazieren / essen / tanzen / schlafen / schwimmen**.
Ich **gehe durch den Park**.
Ich **gehe im Park spazieren**. Die sonnigen Tage sollte man genießen.
Ich **gehe** am Wochenende **schwimmen**. Kommst du mit?
Gehst du bitte **schlafen**. Es ist schon spät geworden.

spazieren gehen: to go for a walk
essen gehen: to eat out, to go to eat
tanzen gehen: to go dancing
schlafen gehen: to go to sleep
schwimmen gehen: to go swimming
durch den Park gehen: to walk through the park
im Park spazieren gehen: to go for a walk in the park
sonnig: sunny
genießen: to enjoy
spät: late

4.

Kannst du etwas **langsam gehen**. Ich bin schon aus der Puste.
Du **gehst zu schnell**. Ich kann dich nicht aufholen. **Geh** bitte **langsam**.
Es entspannt mich jedes Mal, wenn ich **barfuß über eine Wiese gehe**.
Gehen Sie hier geradeaus bis zur dritten Ampel. Dann **gehen Sie links**.
Könnten Sie bitte **ein Stück nach vorne gehen**, damit ich meine Sachen auf das Kassenband stellen kann?

langsam gehen: to walk/go slowly
aus der Puste sein: to be out of breath
zu schnell gehen: to go too fast
aufholen: to catch up
sich(A) entspannen: to relax
jedes Mal: every time
barfuß gehen: to walk barefoot
über eine Wiese gehen: to walk across a meadow
geradeaus gehen: to go straight
bis zur dritten Ampel gehen: to go to the third traffic light
ein Stück nach vorne gehen: to go a bit forward
die Sachen auf das Kassenband stellen: to put things on the cash register

5.

Ist deine Tochter nicht zu klein, um **in den Kindergarten** zu **gehen**?
Ich **gehe zu Fuß** zur Schule / in die Schule.
Was macht deine Tochter? **Geht** sie **in die Schule**?
Morgens frühstücke ich und **gehe** dann mit voller Energie **in die Schule**.
Auf welche Schule gehst du? - Ich **gehe aufs Gymnasium**.
Nach der Grundschule bin ich fünf Jahre **auf das Gymnasium gegangen**.
Hast du vor, **auf die Universität** zu **gehen** oder möchtest du lieber mit einer Ausbildung anfangen?

in den Kindergarten gehen: to go to kindergarten
zu Fuß gehen: to walk, to go on foot
in die Schule gehen: to go to school
auf das Gymnasium gehen: to go to high school
die Grundschule -n: primary school
vorhaben, etw. zu tun: to intend/plan to do sth.
auf die Universität gehen: to go to university
die Ausbildung -en: apprenticeship, education

6.

Das Wetter ist zu kalt geworden. Ich möchte jetzt **nach Hause gehen**.
Halte Ausschau nach Autos, bevor du **über die Straße gehst**.
Du darfst erst dann **über die Straße gehen**, wenn keine Autos kommen.
Bist du dir sicher, dass wir **keinen Umweg gehen**?
Ich glaube, wir **gehen einen Umweg**. Schau mal auf die Karte, um **sicher** zu **gehen**.
Ich muss noch **auf das Rathaus gehen**, um einen Pass ausstellen zu lassen.
Ich muss noch **in die Stadt gehen**, um für den Urlaub einzukaufen.
Die Völker mit christlichem Glauben **gehen** jeden Sonntagmorgen **in die Kirche**.
Meine Großeltern sind schon längst **in die Rente gegangen**.
Wenn meine Eltern **in Rente gehen**, werden sie die meiste Zeit in der Ferienwohnung verbringen.

nach Hause gehen: to go home
nach etw. Ausschau halten: to look out for sth. / to watch out for sth.
über die Straße gehen: to go across the street
einen Umweg gehen: to take/make a detour
aufs Rathaus gehen: to go to the town hall
einen Pass ausstellen: to issue a passport
in die Stadt gehen: to go to the city / town
das Volk -"er: people / nation
in die Kirche gehen: to go to the church
in Rente gehen: to retire
die Ferienwohnung -en: vacation apartment / holiday flat
verbringen: to spend (time)

7a.

Ich bin sehr müde. Ich **gehe ins Bett**.
Ich **gehe** für ein Jahr **ins Ausland**.
Ich **gehe** nächsten Monat für paar Tage **nach Paris**.
Heute nehme ich nicht das Auto. Ich möchte **zu Fuß gehen**.
Gestern bin ich **zum Arzt gegangen**, weil ich Magenschmerzen hatte.
Ich muss gehen, weil ich noch einen Termin beim Zahnarzt habe.

ins Bett gehen: to go to bed
ins Ausland gehen: to go abroad
zu Fuß gehen: to walk, to go on foot
zum Arzt gehen: to go to the doctor
die Magenschmerzen (pl.): the stomach pain
Ich muss gehen. : I have to go.
einen Termin beim Zahnarzt haben: to have an appointment with the dentist

7b.

Sie **ging** mit ihrer Freundin **ins Kino**.
Lass uns heute Abend **ins Kino gehen**. Der neue "Star Wars" Film ist raus!
Lass mich jetzt gehen, sonst verpasse ich noch meine Bahn.
Warum **gehst** du schon? - Weil ich noch Sachen zu erledigen habe.
Als ich nach Hause kam, war meine Schwester **schon gegangen**.
Nach dem Tod ihrer Mutter **ging** sie nicht mehr **aus dem Haus**.
Ich habe meinem Chef gefragt, ob er mich etwas **früher gehen** lassen kann.

ins Kino gehen: to go to the movies
Lass mich jetzt gehen. : Let me go now.
meine Bahn verpassen: to miss my train/tram
erledigen: to do, to manage, to finish
nach dem Tod ihrer Mutter: after her mother's death
aus dem Haus gehen: to go out of the house
früher gehen: to leave earlier, to go earlier

8a.

Wie war der Film? - **Es geht.**
Kann ich Ihnen helfen? - Danke, **es geht schon**.
Brauchen Sie eine Tüte, oder **geht es so**?
Soll ich Ihnen das Gepäck abnehmen? - Danke. **Es geht schon so**.
Wie gehen die Geschäfte?
Unsere Beziehung **geht** so nicht **weiter**.
Wenn alles gut geht, werde ich nach zwei Tagen entlassen.
Machst du dieses Jahr Urlaub? - Nein, leider. **Es geht mir finanziell nicht gut.**

Es geht. : so-so, not too bad, it's all right
Danke, es geht schon. : Thanks, It's okay. / I can manage.
Geht es so?: Is this okay?
jdm. etwas abnehmen: ~to help carry
Soll ich Ihnen das Gepäck abnehmen?: Can I carry your luggage?
Wie gehen die Geschäfte?: How's business?
weitergehen: to go on, to proceed, to progress to continue
Unsere Beziehung geht so nicht weiter. : Our relationship doesn't go on like this.
wenn alles gut geht: if everything goes well
jdn. entlassen: to discharge sb., to dismiss sb.
(aus dem Krankenhaus) entlassen werden (Passiv): to be discharged (from hospital)
finanziell: financially

8b.

Der Fahrkartenautomat **geht nicht**.
Warum **geht** die Fernbedienung **nicht**?
Hast du bemerkt, dass deine Uhr **falsch geht**?
Kannst du mir zeigen, **wie das geht**?
Wie funktioniert dieses Ding? - Ich zeige dir, **wie das geht.**

etwas geht nicht : *something doesn't work*
der Fahrkartenautomat -en: *ticket machine*
die Fernbedienung -en: *remote control*
bemerken, dass ... : *to notice, that*
Kannst du mir zeigen, wie das geht?: *Can you show me how to do it / how it works?*
Wie funktioniert dieses Ding?: *How does this thing work?*

9.

es geht um jdn./etw. : *it's about sb./sth.*
etw. geht auf jdn. : *to be paid by sb.*

Geht es um mich?
Worum geht es denn?
In diesem Buch **geht es um die Liebe**.
Darf ich bitte Herrn Müller sprechen? - **Worum geht´s denn?**
Ich muss mit dir über etwas sprechen. **Es geht um dich.**
Heute **gehen** die Getränke **auf mich**.
Die Rechnung **geht auf mich**.

Geht es um mich?: *Is it about me?*
Worum geht es denn?: *What is the issue? / What is it about?*
es geht um die Liebe: *it's about love*
Heute gehen die Getränke auf mich. : *Today the drinks are on me.*
Die Rechnung geht auf mich. : *The bill is on me.*

10a.

Mir **geht** nichts **über** meine Kinder.
Ich bin größer als meine Freundin. Sie **geht mir bis an die Schulter**.
Sie hat für die Party ein schwarzes Kleid gekauft. Das Kleid **geht bis zu den Knien**.

Mir geht nichts über meine Kinder. :
~There's nothing more important than my kids.
jdm. bis an etw.(A) / bis zu etw.(D) gehen: *to reach sb's sth.*
die Schulter -n: *shoulder*
das Knie -: *knee*

10b.

irgendwohin gehen
Diese Gasse **geht zur Parallelstraße**, wo sich das Kaufhaus befindet.
Wenn Sie **in den Wald gehen** möchten, **geht** dieser Weg **dorthin**.

zur Parallelstraße gehen: to go to the parallel street
sich(A) befinden: to be somewhere/located
das Kaufhaus -"er: mall, store
in den Wald gehen: to go to the forest
der Wald -"er: forest
dorthin gehen: to go there

11.

mit jdm. gehen: to have a friendship / relationship
nach jdm./etw. gehen:
to be up to sb./sth., to act according to a sb./sth.

Gehst du noch **mit ihm**? - Ja. Wir **gehen** seit Mai **miteinander** und möchten heiraten.
Immer muss **es nach seinem Kopf gehen**.
Wenn **es nach mir ginge**, wären wir schon längst verheiratet.
Du kannst nicht immer **nach dem Äußeren gehen**. Lern ihn doch erst mal kennen.

heiraten: to marry
wenn es nach mir ginge: if it were up to me

das Äußere: outward appearance
kennenlernen: to get to know

12.

vor sich(D) gehen: to go on, to happen, to occur

Im Keller **gehen** seltsame Dinge **vor sich**. Sollen wir mal nachschauen?
Der Hund im Garten bellt die ganze Zeit. Kannst du mal nachsehen, **was vor sich geht**?
Als etwas Ungewöhnliches im Wald **vor sich ging**, entschlossen wir uns zu gehen.
Was zum Teufel geht hier vor sich?

Im Keller gehen seltsame Dinge vor sich. :
Strange things are going on in the basement.
Sollen wir mal nachschauen?:
Shall we have a look?
nachschauen: to have a look, to check
nachsehen: to have a look, to check

bellen: to bark
ungewöhnlich: unusual
sich(A) entschließen: to decide (on)
der Teufel -: devil
Was zum Teufel ...? : ~What the hell ...?
Was zum Teufel geht hier vor sich?:
What the hell is going on here?

13.

sich(A) gehen lassen: to let oneself go, to lose self-control, to neglect

Lass dich nicht so gehen.
Nach der Trennung hat sie **sich gehen lassen**.
Bitte **lass dich nicht so gehen**. Deine Kinder brauchen dich.
Ich habe so viel Stress, dass ich keine Zeit mehr für mich habe. Ich habe **mich** total **gehen lassen**.

Lass dich nicht so gehen. : Don't let yourself go like this.
die Trennung -en: separation

es sich(D) gehen lassen: to have a good time

Lass es dir gut gehen!
Have a great time! / Take care of yourself!

Sie lassen es sich gut gehen.
You have a good time.

Sie ließ es sich im Urlaub gut **gehen**.
She was fine on vacation.

Ich wünsche dir viel Spaß im Urlaub. **Lass es dir dort gut gehen.**

14.
Mixed Sentences

In die Eierschachtel **gehen** 12 Eier.
Ich verstehe das Thema nicht. Das **geht** nicht **in** meinen Kopf.
Der Koffer ist schon voll. Das Kleid **geht** nicht mehr da **rein**.
Mein Wunsch **ist in Erfüllung gegangen**.
Mein Onkel **ist** letztes Jahr **von uns gegangen**.
Das geht zu weit!

die Eierschachtel -n: egg carton/box
in etw.(A) gehen: to go into sth.
das Thema - die Themen: subject, issue, topic
der Kopf -"e: head
der Koffer -: suitcase, baggage
reingehen: to go in
der Wunsch -"e: wish
in Erfüllung gehen: to come true
Das geht zu weit! : That's just too much! / That's going too far!

9. sagen: to say, to tell
sagt, sagte, hat gesagt

1.

Du kannst „**Ja**" oder „**Nein**" **sagen**.
Sag doch mal etwas!
Sag mal, hast du noch alle Tassen im Schrank?
Ich weiß nicht, was ich sagen soll.
Sagt dir der Name **etwas**?
Entschuldigung! Ich habe Sie nicht gehört. **Was haben Sie gesagt**?
Kannst du mir bitte **die Wahrheit sagen**?
Können Sie mir bitte **sagen**, wo der Bahnhof ist?
Können Sie mir bitte **sagen**, was der Unterschied ist?
Wie **sagt** man das **auf Deutsch**?
Wie **sagt** man „Good morning" **auf Deutsch**?

Sag doch mal etwas! : Say something!
Sag mal, ... : Tell me, ... / Say, ...
die Tasse -n: cup
der Schrank -"e: cupboard, cabinet, closet
Ich weiß nicht, was ich sagen soll. : I don't know what to say.
Sagt dir der Name etwas?: Does the name mean anything to you?
Was haben Sie gesagt?: What did you say?
jdm. etwas sagen: to tell sb. sth. / to say sth. to sb.
die Wahrheit sagen: to tell the truth
der Unterschied -e: difference
etw. auf Deutsch sagen: to say sth. in German

2.

Du kannst ruhig "**du**" **zu mir sagen**.
Du **hast mir gar nichts zu sagen**!
Was wollen Sie **damit sagen**?
Er hat **mir gesagt**, dass du krank bist. Was hast du denn?
Woher hast du dieses Schimpfwort gelernt? **Sowas sagt man nicht.**
Das Essen hier schmeckt sehr lecker, **zumindest sagt** das Michael.
Ich möchte in den Herbstferien nach Australien reisen. **Was sagst du dazu**?

etwas/nichts zu sagen haben: to have something / nothing to say
Was wollen Sie damit sagen?: What do you mean by that?
das Schimpfwort -"er: swear word

zumindest: at least
die Herbstferien (pl.) : autumn vacation
Was sagst du dazu?: What do you think about it?

3.

Ich kann **dagegen** nichts **sagen**.
Unter uns gesagt, hat sie etwas gegen dich.
Offen gesagt, ich bin nicht deiner Meinung.
Offen gesagt, bin ich zu müde, um heute Abend rauszugehen.
Ich verdiene 1500 EUR im Monat oder **genauer gesagt** 1470 EUR.
Lass uns treffen und gemeinsam auf die Geburtstagsfeier gehen. **Sagen** wir um 7 Uhr abends an der Bahnhaltestelle.
Wie gesagt, wir können Ihre Daten erst dann bearbeiten, wenn Sie Ihren Personalausweis mitbringen.
Ich hatte Ihnen **klar und deutlich gesagt**, dass ich ein Zimmer mit einem Ausblick auf das Meer haben möchte.

dagegen sagen: to say against it
unter uns gesagt: between you and me
offen gesagt: frankly
einer Meinung sein: to be of the same opinion/mind
(oder) genauer gesagt: (or) more precisely
die Bahnhaltestelle -n: train station
wie gesagt: as already mentioned earlier, as I/we said
der Personalausweis -e: ID card
klar und deutlich sagen: to say clearly
ein Zimmer mit einem <u>Ausblick auf</u> das Meer: a room with a view of the sea

4.

Alles, was du gesagt hast, war eine Lüge.
Ich habe **dir** doch **gesagt**, dass du aufpassen sollst!
Sie **sagte ihrer Tochter** "Gute Nacht", bevor sie ins Bett ging.
Der Lehrer **sagte**: "Die Projekte sind bis nächste Woche abzugeben."
Wie ich schon sagte, diese Matheaufgabe ist mit dieser Formel einfacher zu lösen.
Er war still, während ich **ihm** die ganze Wahrheit **ins Gesicht sagte**. Aber sein Blick **sagte** viel.

Alles, was du gesagt hast, ...: Everything you said ...
aufpassen: to pay attention, to watch out
abgeben: to submit sth., to hand over sth., to leave sth.,
Wie ich schon sagte, ... : As I said, ...
jdm. etw. ins Gesicht sagen: to say sth. to sb.'s face
die ganze Wahrheit: the whole truth

5.

Das kannst du aber laut sagen!
Sag bitte **Bescheid**, wenn du Hilfe brauchst.
Sag mir bitte **Bescheid**, wenn du angekommen bist.
Sie hat mich verlassen, ohne **ein Wort** zu **sagen**.
Das ist leichter gesagt als getan.
Zu Hause **hat** meine Mutter **das Sagen**.
Ich habe mir sagen lassen, dass Peter und Julia sich getrennt haben.

Das kannst du aber laut sagen! : ~ You can say that again!
jdm. Bescheid sagen: to let sb. know
ankommen: to arrive
jdn. verlassen: to leave sb.
ohne ein Wort zu sagen: without saying a word
Das ist leichter gesagt als getan. : That's easier said than done.
das Sagen haben: to be in charge / to be in control
Ich habe mir sagen lassen, dass ... : I've been told that ...

Ich kann Wörter besser auswendig lernen, wenn ich sie laut **vor mich hin sage**.
Er hat etwas leise **vor sich hin gesagt**, was ich nicht hören konnte.

vor sich(A) hin sagen: to say to oneself
auswendig lernen: to memorize

10. wohnen: to live, to reside
wohnt, wohnte, hat gewohnt

1.

Wo **wohnst** du? - Ich **wohne** in Düsseldorf.
Wohnst du **allein**? - Nein, ich **wohne** noch **bei** meinen Eltern.
Ich **wohne mit** meiner Schwester zusammen.
Ich **wohne vorübergehend bei** meinen Eltern.
Wohnst du **in der Stadt / auf dem Land**?
Sie **wohnt / am Stadtrand / in der Stadtmitte / im Zentrum**.

allein wohnen: to live alone
bei meinen Eltern wohnen: to live with my parents
mit meiner Schwester wohnen: to live with my sister
vorübergehend bei meinen Eltern wohnen:
to live temporarily/for a short time with my parents
in der Stadt wohnen: to live in the city
auf dem Land wohnen: to live in the country / in town
am Stadtrand wohnen: to live on the outskirts / in the suburbs / on the edge of the city
in der Stadtmitte wohnen: to live in the city center
im Zentrum wohnen: to live in the center

2.

In welcher Etage wohnst du?
In der wievielten Etage wohnst du?
Ich **wohne in der zweiten Etage / im Erdgeschoss / im Dachgeschoss**.
Sie **wohnt in der Nähe von** Köln
Ich **wohne in der Nähe des Rathauses**.
Ich habe Glück, dass ich **nur zehn Minuten von der Arbeit wohne**.
Ich **wohne zehn Minuten von der Bushaltestelle entfernt**.
Wohnt ihr schon **lange** dort?

die Etage -n: floor
In welcher Etage wohnst du?: Which floor do you live on?
in der zweiten Etage: in/on the second floor
im Erdgeschoss: on the ground floor
im Dachgeschoss wohnen: to live in the attic / under the roof
in der Nähe von Köln wohnen: to live near Cologne
in der Nähe des Rathauses wohnen: to live near the town hall
von etw.(D) entfernt: away from sth.
lange: a long time

3.

Wohnen Sie **zur Miete** oder **im Eigenheim**?
Ich **wohne zur Miete**.
Du bist zu jung, um **allein** zu **wohnen**.
Früher habe ich **in diesem Haus gewohnt**.
Ich habe für vier Tage **bei meiner Freundin gewohnt**.
Ich habe jahrelang **unter einem Dach mit ihm gewohnt**.
Frau Müller **wohnt über uns**. Sie müssen noch ein Stockwerk hinaufgehen.
Ich **wohnte** jahrelang **Tür an Tür mit ihr** und hatte mich noch nie über sie beschwert.

die Miete -n: rent
zur Miete wohnen: to live in rented accommodation
im Eigenheim wohnen: to live in your own home
(mit jdm.) unter einem Dach wohnen: to live under the same roof
das Stockwerk -e: floor
Tür an Tür wohnen: to be next-door neighbors
jahrelang: for years
sich(A) beschweren über: to complain about

11. leben: to live
lebt, lebte, hat gelebt

1.

Wo **lebst** du? - Ich **lebe in** Berlin.
Ich **lebe** noch **bei** meinen Eltern.
Seit drei Jahren **lebe** ich **mit meiner Freundin zusammen**.
Ich habe lange **auf dem Land gelebt**. Jetzt **lebe** ich **in der Stadt**.

Wo lebst du?: Where do you live?
auf dem Land leben: to live in the countryside
in der Stadt leben: to live in the city

2.

Ich **lebe allein**.
Meine Eltern **leben getrennt**.
Sie **lebt getrennt von** ihren Kindern.
Sie ist zu alt, um **allein zu leben**.
Allein zu **leben** ist nicht so einfach.
Der alte Mann **lebt ganz allein** in einem riesigen Haus.

allein leben: to live alone
getrennt leben: to live separately
riesig: huge, enormous

3.

Ich habe jahrelang **in** Berlin **gelebt**.
Wie viele Menschen **leben in** Berlin?
In welcher Stadt würdest du **am liebsten leben**?
Auf der Erde **leben** 7,63 Milliarden Menschen.
Johann Georg Mozart **lebte von** 1647 **bis** 1719.
Der berühmte Schriftsteller **lebte im 18. Jahrhundert**.

Wie viele Menschen leben in ...?: How many people live in ...?
der Mensch - die Menschen: person - people, man/human - human beings
würden: would
auf der Erde: on earth
von ... bis ... : from ... to ...
im 18. Jahrhundert leben: to live in the 18th century

4.

Wovon leben Sie?
Ich **lebe von der Fischerei / von der Rente / von der Sozialhilfe**.
Viele Menschen in Afrika **leben in Armut**.
Wir müssen arbeiten und Geld verdienen, um **gut** zu **leben**.
Von deinem Gehalt können wir nicht gut **leben**.
Von der Rente allein kann mein Opa nicht **leben**. Wir müssen ihm helfen.
Mein Vater zeigt kein Interesse mehr für uns. Er **lebt** nur **für die Arbeit**.

Wovon leben Sie?: What do you live on?
von etwas(D) leben: to subsist on sth., to live on sth.
die Fischerei: fishing
von der Rente leben: to live on a pension
die Rente -n: pension
von der Sozialhilfe leben: to be on welfare
in Armut leben: to live in poverty
Geld verdienen: to earn money
das Gehalt -"er: salary
der Opa -s: grandpa
kein Interesse zeigen: to show no interest
für jdn./etw. leben: to live for sb./sth.

5.

Leben deine Großeltern **noch**?
Meine Großeltern **leben nicht mehr**.
Ruf mich nicht mehr an. **Leb wohl**!
Ich kann **ohne dich nicht mehr leben**!
Mein Opa hat eine tödliche Krankheit. Er hat **nicht mehr lange** zu **leben**.
Die Ärzte meinten, dass er **nur noch wenige Tage** zu **leben** hat.

die Großeltern (pl.): grandparents
noch leben: to be still alive
Meine Großeltern leben nicht mehr. : My grandparents are no longer alive.
Leb wohl! : Farewell! / Goodbye!
Er hat nur noch wenige Tage zu leben. : He has only a few days left to live.

6.

Ist es möglich, **ohne Liebe zu leben**?
Ich respektiere Menschen, die **nach ihrem Glauben leben**.
Ich bin viel glücklicher, seitdem ich **ohne Sorgen lebe**.
Ich wünschte, dass alle Menschen auf der Welt **in Frieden leben** könnten.
Du musst in die Zukunft blicken, anstatt **in der Vergangenheit zu leben**.
Du kannst **gesund leben**, indem du auf deine Ernährung achtest und regelmäßig Sport treibst.

ohne Liebe leben: to live without love
die Liebe -n: love
respektieren: to respect
nach dem Glauben leben: to live according to one's beliefs
ohne Sorgen leben: to live without worries
die Sorge -n: worry, concern
in Frieden leben: to live in peace
in die Zukunft blicken: to look ahead, to look to the future
in der Vergangenheit leben: to live in the past
die Vergangenheit: past
gesund leben: to live healthy
indem: by doing sth.
auf die Ernährung achten: to pay attention to the diet
regelmäßig Sport treiben: to do sports regularly

7.

Es lebe die Demokratie! : Long live democracy!
Es lebe die Freiheit! : Long live freedom!
Lang lebe die Königin! : Long live the Queen!

12. arbeiten: to work
arbeitet, arbeitete, hat gearbeitet

1.

Ich **arbeite als** Ingenieur **bei** der Firma Siemens.
Ich **arbeite als** Rechtsanwalt **für** die Telekom in Wien.
Ich studiere Medizin und **nebenbei arbeite** ich **in einem Café**.
Als ich Student war, habe ich **als Kellner gearbeitet**.
Ich habe lange **für ein großes Unternehmen gearbeitet**.
Vor längerer Zeit **arbeitete ich als Buchhalter**.
Ich studiere Informatik und **arbeite nebenbei als Kassierer in einem Supermarkt**.
Ich **arbeite tagsüber in einem Hotel** und nach der Arbeit besuche ich einen Sprachkurs an der VHS.

als Ingenieur arbeiten: to work as an engineer
als Ingenieur bei einer Firma arbeiten: to work as an engineer for a company
als Rechtsanwalt für eine Firma arbeiten: to work as a lawyer for a company
der Rechtsanwalt -"e: lawyer
nebenbei arbeiten: to work part time
Als ich Student war, ... : When I was a student, ...
als Kellner arbeiten: to work as a waiter
der Kellner -: waiter
für ein großes Unternehmen arbeiten: to work for a big company
als Kassierer in einem Supermarkt arbeiten: to work as a cashier in a supermarket
tagsüber in einem Hotel arbeiten: to work in a hotel during the day
einen Sprachkurs besuchen: to attend a language course
VHS: die Volkshochschule -n: community college

2.

Ich muss morgen **arbeiten**.
Wir **arbeiten** schon **seit drei Stunden**.
Von wann bis wann arbeitest du?
In der Woche **arbeite** ich **von** 8.00 **bis** 17.00 Uhr.
Ich **arbeite zehn Stunden am Tag**.
Gestern haben wir **bis 9 Uhr abends gearbeitet**.

Wir arbeiten schon seit drei Stunden. : We have been working for three hours.
Von wann bis wann arbeitest du?: From when to when do you work?
von ... bis ... arbeiten: to work from ... to ...
zehn Stunden am Tag arbeiten: to work ten hours a day
bis neun Uhr abends arbeiten: to work until nine in the evening

3.

Ich muss **arbeiten**, um meine Familie zu unterstützen.
Wollen Sie **Teilzeit** oder **Vollzeit arbeiten**?
Du brauchst sonntags nicht zu **arbeiten**.
Ich bin daran gewöhnt, **hart** zu **arbeiten**.
Ich habe mit fünfzehn Jahren angefangen zu **arbeiten**.
Wie gefällt es dir, im Garten zu **arbeiten**?
Studieren und gleichzeitig zu arbeiten ist nicht einfach.
Ich bin sehr erschöpft, weil ich in letzter Zeit **körperlich** sehr **hart gearbeitet** habe.

unterstützen: to support
Teilzeit / Vollzeit arbeiten: to work part-time / full-time
daran gewöhnt sein, etw. *zu tun*: to be used to doing sth.
hart arbeiten: to work hard | *gleichzeitig*: at the same time
erschöpft: exhausted | *körperlich arbeiten*: to work physically

4.

an etw.(D) arbeiten: to be working on sth.

Er **arbeitet an einem neuen Buch**.
Er hat **an seiner Doktorarbeit** hart **gearbeitet**.
Du musst noch **an deiner Aussprache arbeiten**.
Sie **arbeitet** sehr fleißig **an einem neuen Projekt**.
In drei Schichten in der Fabrik zu **arbeiten,** bringt mein Schlafrhythmus durcheinander.

an einem Buch arbeiten: to work on a book
an seiner Doktorarbeit arbeiten: to work on his doctoral thesis
an deiner Aussprache arbeiten: to work on your pronunciation
an einem neuen Projekt arbeiten: to work on a new project
in drei Schichten arbeiten: to work in three shifts | *die Schicht -en*: shift
etw. durcheinanderbringen: to get sth. in a mess
der Schlafrhythmus: sleep rhythm

5.

Die Zeit **arbeitet für uns / gegen uns**.
Wir müssen den Auftrag sofort erledigen. Denn die Zeit **arbeitet gegen uns**.
Er muss viel **an sich arbeiten**, damit ich ihm eine Chance geben kann.
Für das Schachturnier haben die Spieler **an sich gearbeitet**.

Die Zeit arbeitet für uns / gegen uns. : Time is working *for us / against us*.
der Auftrag -"e: task, order
an sich(D) arbeiten: to improve oneself, to refine oneself
das Schachturnier -e: chess tournament | *das Schach*: chess

13. lernen: to learn
lernt, lernte, hat gelernt

1.

Seit wann **lernst** du Deutsch?
Seit acht Monaten **lerne** ich Deutsch, um die Prüfung zu bestehen.
Ich **lerne** Deutsch, weil ich in Deutschland studieren will.
Ich will **schwimmen lernen**.
Ich möchte gerne **Klavierspielen lernen**.
Wo hast du so gut **kochen gelernt**?
Das Kochen habe ich **bei meiner Mutter gelernt**. Sie ist Köchin.

seit wann: since when | *die Prüfung -en: exam*
schwimmen lernen: to learn how to swim
Klavierspielen lernen: to learn playing piano
bei meiner Mutter lernen: to learn from my mother
die Köchin -nen: cook (female)

2.

Ich muss viel **für die Uni lernen**.
Ich **lerne** den ganzen Tag **für die Schule**.
Ich muss noch **für die Prüfung lernen**.
Er hat **für die morgige Prüfung** wenig **gelernt**.
Ich habe heute keine Zeit, weil ich noch **für die Schule lernen** muss.

für etw. lernen: to study for sth.
für die Uni/Schule/Prüfung lernen: to learn for university/school/exam
morgig: tomorrow's

3.

Von meinem Vater habe ich viel **gelernt**.
Wir können viel **voneinander lernen**.
Du **lernst von deinem Freund** nur Dummheiten.
Du solltest **aus deinen Fehlern lernen**.
Du kannst die deutsche Grammatik **aus Büchern lernen**.
Es gibt **Bücher, aus denen** du viel **lernen** kannst.

von jdm. lernen: to learn from sb.
voneinander lernen: to learn from each other
aus deinen Fehlern lernen: to learn from your mistakes
aus Büchern lernen: to learn from books

4.

Ich muss **dieses Gedicht** bis morgen **auswendig lernen**.
Ich versuche, **diese Wörter auswendig zu lernen**.
Ich brauche eine halbe Stunde, um **den Text auswendig zu lernen**.
Ich muss bis morgen **50 Vokabeln auswendig lernen**.
Ich habe heute im Sprachkurs **neue Wörter gelernt**.
Wenn du **fleißig lernst**, kannst du Mathe verstehen.
Dank dieses Buches habe ich Deutsch **spielend gelernt**.

das Gedicht auswendig lernen: to memorize the poem
die Wörter auswendig lernen: to memorize the words
den Text auswendig lernen: to memorize the text
Vokabeln auswendig lernen: to memorize vocabulary
neue Wörter auswendig lernen: to memorize new words
fleißig lernen: to study hard
spielend lernen: to learn easily, to learn by playing

5.

Lerne bitte, pünktlich zu sein.
Sie hat **gelernt**, ihre Eifersucht zu beherrschen.
Du solltest **lernen**, andere Meinungen zu respektieren.
Du musst **lernen**, deine Mitmenschen zu respektieren.
Ich muss **lernen**, im Verkehr vorsichtiger zu fahren.
Ich dachte, ich werde nie **zeichnen lernen**. Aber nach Jahren wurde ich zum Maler.
Ich habe mir noch keine Gedanken darüber gemacht, welchen Beruf ich später **lernen** soll.

pünktlich: in time
ihre Eifersucht beherrschen: to dominate her jealousy
andere Meinungen respektieren: to respect other opinions
die Meinung -en: opinion
im Verkehr: in the traffic
vorsichtig / vorsichtiger: careful / more careful
zeichnen lernen: to learn to draw
der Maler -: artist, painter
sich(D) über etw. Gedanken machen: to be worried about sth.
der Gedanke -n: thought
einen Beruf lernen: to learn a profession

Der Text ist zwar sehr lang, aber er **lernt sich schnell**.

etwas lernt sich leicht / schwer :
sth. is easy / hard to learn

14. verstehen: to understand
versteht, verstand, hat verstanden

1.

Ich **verstehe** dich.
Ich **verstehe** diese Aufgabe nicht.
Verstehst du, was ich meine?
Ich **verstehe** nicht, was du damit meinst.
Ich **verstehe** Sie akustisch nicht. Bitte sprechen Sie lauter.
Wenn du langsam sprichst, kann ich dich **besser verstehen**.
Verstehen Sie mich, wenn ich mit Ihnen Deutsch spreche? - Ja, aber nicht ganz.

die Aufgabe -n: task, homework, question, exercise
Verstehst du, was ich meine?: Do you understand what I mean?
akustisch: acoustic, acoustically
besser verstehen: to understand better

2.

Du bist die Einzige, die mich **versteht**.
Das haben Sie **falsch verstanden**.
Du hast mich **falsch verstanden**. **Versteh** mich bitte nicht falsch!
Ich **verstehe** das nicht, könnten Sie es bitte wiederholen?
Ich habe „Nein" gesagt. Hast du mich **verstanden**?
Er hat kein Wort Deutsch **verstanden**.
Die Musik ist zu laut. Ich kann mein eigenes Wort nicht **verstehen**.
Ich **verstehe deinen Ärger / deine Wut / deine Probleme / deine Sorgen**.

der/die/das Einzige: the only one
falsch verstehen: to misunderstand
wiederholen: to repeat
mein eigenes Wort: my own word
der Ärger: anger, annoyance, trouble
die Wut: fury, rage
die Sorge -n: concern, worry

3.

Ich **verstehe** nichts **von Politik**.
Er **versteht** viel **von Autos**.
Sie **versteht** mehr **von Mathematik** als ich.
Was **verstehst** du **unter Liebe**?
Was **verstehst** du **unter dem Begriff „Bildung"**?
Eine Erzieherin sollte es **verstehen**, mit Kindern umzugehen.
Ich **verstehe** nicht, wie respektlos du zu deinen Eltern sein kannst.

von etw.(D) verstehen: *to know about sth.*
etw. unter etw.(D) verstehen: *to understand sth. by sth.*
Was verstehst du unter ... ?:
What do you understand by ...?
der Begriff -e: *term*
die Bildung -en: *education*
mit Kindern umgehen: *to deal with children*
respektlos: *disrespectful*

4a.

Wir **verstehen uns** ganz gut.
Ich **verstehe mich** gut **mit** meiner Nachbarin.
Die Kinder **verstehen sich** gut **miteinander**.
Wie **verstehst du dich mit** deinen Kollegen?
Meine Freundin **versteht sich** gut **mit** meiner Mutter.

sich(A) verstehen: *to understand each other, to get along*
sich(A) mit jdm. verstehen: *to get along with sb.*
miteinander: *together, with each other*

4b.

Er **war** am Telefon schlecht **zu verstehen**.
Er **versteht sich als** Künstler.
Das versteht sich doch von selbst.
Natürlich werde ich auf der Party dabei sein, **das versteht sich von selbst**.

Er war am Telefon schlecht zu verstehen. :
He was difficult to understand on the phone.
sich(A) als etw. verstehen: *to see oneself as sth. / to consider oneself sth.*
der Künstler -: *artist*
Das versteht sich von selbst. : *That goes without saying.*

15. wissen: to know
weiß, wusste, hat gewusst

1.

Wissen Sie, wo der Bahnhof ist?
Weißt du, wann der Zug abfährt?
Weißt du, wie spät es ist?
Ich **weiß nicht**, ob ich es schaffen kann.
Weißt du zufällig die Telefonnummer von Markus?

Weißt du zufällig ... ?:
Do you happen to know ... ? / By any chance do you know ...?
schaffen: to manage. to accomplish, to do, to create

Ich weiß, was ich will. : I know what I want.
Woher weißt du das? : How do you know?
Woher soll ich das wissen? : How should I know?
Nicht dass ich wüsste. : Not that I know of.
Man kann nie wissen. : You never know.

2.

Wusstest du, dass sie verheiratet ist?
Wusstest du, dass Peter und Andrea sich getrennt haben?
Die Schüler **wussten keine Antwort** auf die Fragen des Lehrers.

Wusstest du, dass ... ? : Did you know that ...?
keine Antwort wissen: to know no answer
die Antwort auf die Fragen des Lehrers:
the answer to the teacher's questions

Ich weiß noch nicht, ob ich kommen kann.
Ich weiß alles, was du über mich gesagt hast.
Sollte ich mir meine Haare färben lassen? - **Das musst du selbst wissen**.
Kannst du mich morgen abholen? - Gerne, aber **ich weiß nicht**, wo du wohnst.

sich(D) die Haare färben lassen: to have one's hair dyed
Das musst du selbst wissen. : You have to know that yourself.

3.

Ich **weiß** wenig **über dich**.
Weißt du **über** den Arbeitsplan **Bescheid**?
Wie kannst du mich beurteilen, ohne **etwas über mich** zu **wissen**?

etwas über jdn./etw. wissen: to know sth. about sb./sth.
über etw. Bescheid wissen: to know about sth.
jdn. beurteilen: to judge sb.

Ich **weiß nichts von dieser Sache**.
Ich will **nichts mehr von dir wissen**!
Ich will **nichts mehr von meinem Ex-Freund wissen**.
Seine Eltern leben seit drei Wochen getrennt. **Wusstest** du **davon**?

von jdm./etw. wissen: to know about sb./sth.
die Sache -n: matter, thing
von jdm./etw. nichts (mehr) wissen wollen:
to not want to have anything (more) to do with sb./sth.
getrennt leben: to live separately

4.

Soviel ich weiß, wohnt er noch in Köln.
Er **weiß nicht**, wie man mit Frauen umgeht.
Lass mich es wissen, wenn du Hilfe brauchst.
Lassen Sie mich wissen, wenn Sie weitere Fragen haben.
Wenn ich das gewusst hätte, wäre ich nicht mitgekommen.
Er hat mich schon wieder angelogen. **Ich hätte es wissen müssen**.

soviel ich weiß: as far as I know
Lass mich es wissen, ... : Let me know, ...
Wenn ich das gewusst hätte, ... : If I had known that ...
jdn. anlügen: to lie to sb.
Ich hätte es wissen müssen. : I should have known.

Weißt du noch, wie sehr sich Michael und Anna damals liebten?
Hast du ihre neue Uhr gesehen? - Ja, **wer weiß** wie teuer die Uhr ist.
Denkst du auch, dass Julia und Tom Gefühle füreinander haben? - **Wer weiß**? Kann sein.

Wer weiß?: Who knows?
für jdn. Gefühle haben: to have feelings for sb.
das Gefühl -e: feeling

16. fahren: to drive
fährt, fuhr, hat/ist gefahren

1.

Kannst du **Auto fahren**?
Meine kleine Tochter kann schon **Fahrrad fahren**.
Er **fährt** jeden Tag **mit dem Auto / Zug / Fahrrad / Taxi zur Arbeit**.
Er **fährt einen BMW / Mercedes / Audi**.

ein Auto fahren: to drive a car
Fahrrad fahren: to cycle, to ride a bicycle
das Fahrrad -"er: bicycle
jeden Tag: every day
mit dem Auto / Zug / Fahrrad / Taxi zur Arbeit fahren: to drive to work by car/ train / bike / taxi
einen BMW / Mercedes / Audi fahren: to drive a BMW / Mercedes / Audi

2.

Fahr bitte **langsam**!
Fahr bitte **geradeaus** und nicht so **schnell**!
Fahren Sie **geradeaus** und biegen Sie dann links ab.
Fahren Sie zwei Straßen **weiter** und biegen Sie dann rechts ab.

Fahr bitte langsam! : Please drive slowly!
Fahren Sie geradeaus! : Drive straight ahead!
langsam / schnell fahren: to drive slowly / fast
geradeaus fahren: to go/drive straight
links / rechts abbiegen: to turn left / right
weiterfahren: to drive on, to go on (continue)
die Straße -n: street

3.

Sollen wir am Wochenende **Ski fahren**?
Die Kinder lieben es, **Rollschuh** zu **fahren**.
Er ist **mit seinem Auto nach Berlin gefahren**.
Letztes Wochenende bin ich **mit dem Zug nach Köln gefahren**.
Nächste Woche **fahre** ich **in den Urlaub** nach Spanien.

Ski fahren: to ski
der Rollschuh -e: roller-skate
mit dem Auto nach Berlin fahren: to drive to Berlin by car
in den Urlaub fahren: to go on vacation

4.

Der Zug **fährt in 10 Minuten**. *(abfahren)*
Alle zehn Minuten fährt ein Bus.
Der Bus **fährt sonntags alle 20 Minuten**.
Der Zug **fährt um 12 Uhr vom Hauptbahnhof**.

in 10 Minuten (ab)fahren: to leave(depart) in 10 minutes
alle zehn Minuten: every ten minutes
der Hauptbahnhof -"e: central station

5.

Es ist zu spät. Soll ich **Sie nach Hause fahren**?
Soll ich **dich zum Flughafen fahren**?
Kannst du **mich zum Bahnhof fahren**?
Ich **fahre mein Baby** regelmäßig **spazieren**, damit es frische Luft bekommt.

jdn. irgendwohin fahren: to take sb. to somewhere
Soll ich Sie nach Hause fahren?:
Should I drive you home?
Kannst du mich zum Bahnhof fahren?:
Can you drive me to the train station?
ein Baby spazieren fahren: to take a baby for a walk
frische Luft bekommen: to get fresh air

Ich **fahre einen Bus**. Ich bin Busfahrer von Beruf.
<u>Haben</u> Sie **einen Bus gefahren**?

einen Bus fahren: to drive a bus

6.

Wegen des Bahnstreiks **fahren** die Züge nicht am Freitag.
Wegen des Navigationsgeräts bin ich **einen Umweg gefahren**.
Die Bahn **fährt** heute **pünktlich**. Ich werde wie geplant nach 15 Minuten am Treffpunkt sein.
Ich hoffe, dass die Bahn nicht **mit Verspätung fährt**. Ansonsten muss ich mit dem Bus fahren.

wegen des Bahnstreiks: because of the rail strike
das Navigationsgerät -e: navigation device
einen Umweg fahren: to take/drive/make a detour
pünktlich fahren: to drive on time
am Treffpunkt: at the meeting point
mit Verspätung fahren: to drive late
ansonsten: otherwise

17. geben: to give
gibt, gab, hat gegeben

1.

jdm. etwas geben: to give sth. to sb.

Kannst du **mir etwas Geld geben**?
Ich **gebe dir** morgen **das Geld zurück**.
Kannst du **mir ein Beispiel geben**?
Könntest du **mir** bitte **die Schere geben**?
Ich **gebe dir meine Handynummer nicht**.
Gestern hat sie **mir dieses Buch gegeben**.
Können Sie **mir etwas zum Schreiben geben**?
Was soll ich jetzt machen? Kannst du **mir einen Rat geben**?
Wann **gibst** du **mir das Buch zurück**, das ich dir geliehen habe?
Der Chef hat **mir bis Montag Zeit gegeben**, dieses Projekt zu beenden.

jdm. etwas Geld geben: to give sb. some money
jdm. das Geld zurückgeben: to give the money back to sb.
ein Beispiel geben: to give an example
die Schere -n: scissors
etwas zum Schreiben geben: to give sth. to write
einen Rat geben: to give advice
jdm. etw. leihen: to lend sb. sth.
bis Montag Zeit geben: to give time until Monday

2.

Geben Sie **mir** bitte **eine Tüte**.
Gib mir etwas **Zeit zum Überlegen**.
Gib mir bitte **noch eine Chance**.
Gib nicht so viel **Gas**!

eine Tüte geben: to give a bag
die Tüte -n: bag
etwas Zeit zum Überlegen geben:
to give some time to think
jdm. noch eine Chance geben:
to give sb. one more chance
die Chance -n: chance
Gas geben: to step on the gas, to accelerate

3.

In diesem Punkt **gebe** ich **dir recht**.
Deine Worte haben **mir Mut gegeben**.
Man muss immer **sein Bestes geben**.
Sie **gab ihm einen Abschiedskuss** und verschwand.
Das Buch **gibt dir Motivation zum** Lernen neuer Sprachen.

in diesem Punkt: in/on this point
jdm. recht geben: to agree with sb.
jdm. Mut geben: to give sb. courage
sein Bestes geben: to give of one's best, to do the best one can
jdm. einen Abschiedskuss geben: to give sb. a goodbye kiss
verschwinden: to disappear
Motivation geben: to give motivation

4.

Was gibt's Neues?
Was gibt es im Fernsehen?
Es gibt heute Spaghetti zum Abendessen.
Welche Sehenswürdigkeiten **gibt es** in deinem Land?
Es gab keine eindeutige Antwort auf meine Frage.
Wissen Sie, ob **es** hier in der Nähe eine Apotheke **gibt**?
Meine Mutter ist die beste Köchin, die **es** gibt.
Es gibt viel zu tun. Ich muss mich an die Arbeit machen.
Das gibt keinen Sinn.
Das gibt's doch gar nicht!

Was gibt's Neues?: What's new?
Was gibt es im Fernsehen?: What's on TV?
es gibt: there is/are
die Sehenswürdigkeiten (pl.): sights, places of interest
eindeutig: clear
Gibt es in der Nähe eine Apotheke?: Is there a pharmacy nearby?
ob: if
Es gibt viel zu tun. : There is much to do.
sich(A) an die Arbeit machen: to start working
Das gibt keinen Sinn. : It doesn't make sense.
Das gibt's doch gar nicht! : That can't be real!

5.

Kannst du **mir bitte Feuer geben**?
Der Arzt hat **mir eine Spritze gegeben**.
Sie hat **mir ihre Hand gegeben** und mir zum Geburtstag gratuliert.
Der Kommandant hat **den Soldaten den Befehl gegeben**, sich zurückzuziehen.
Mein Auto macht seltsame Geräusche. Ich sollte es mal **in die Werkstatt geben**.
Der Brief, den ich gestern **zur Post gegeben** habe, sollte morgen bei dir ankommen.
Ich habe **der Kellnerin Trinkgeld gegeben** und mich für ihre Freundlichkeit bedankt.
Als der Kellner die **Speisekarte gab**, fragte ich ihn, ob er mir ein Gericht empfehlen kann.
Ich hatte letzte Woche **mein Hemd in die Reinigung gegeben**. Ich kann es heute abholen.

das Feuer -: fire
jdm. Feuer geben: to give sb. a light
jdm. eine Spritze geben: to give sb. an injection
jdm. Hand geben: to shake sb.'s hand
der Kommandant -en: commandant
der Soldat -en: soldier
jdm. einen Befehl geben, etw. zu tun: to order sb. to do sth.
die Werkstatt -"en: workshop, car service station
seltsam: strange
das Geräusch -e: noise
der Brief -e: letter
jdm. Trinkgeld geben: to tip sb.
der Kellner - / die Kellnerin -nen: waiter / waitress
sich(A) für etw. bedanken: to give thanks for sth.
eine Speisekarte geben: to give a menu
empfehlen: to recommend
das Gericht -e: dish, court
die Reinigung -en: cleaning / the dry cleaner
das Hemd -en: shirt

6.

Ich darf **Ihnen keine Auskunft darüber geben**.
Welchen Namen möchtest du **deinem Kind geben**?
Sie **gab mir einen Kuss** und stieg aus dem Auto aus.
Ich möchte bei Ihnen **eine Einbauküche in Auftrag geben**.
Ich **gebe Schülern** zu Hause **Unterricht** und verdiene damit Geld.
Meine Eltern würden **mir** niemals **die Erlaubnis geben**, allein Urlaub zu machen.
Obwohl ich ihn mehrmals gefragt habe, **gab** er **mir keine Antwort** auf meine Frage.

jdm. Auskunft über etw. geben: to give sb. information about sth.
einem Kind einen Namen geben: to give a child a name

jdm. einen Kuss geben: to give sb. a kiss
aus dem Auto aussteigen: to get out of the car
etw. (bei jdm.) in Auftrag geben: to order sth.
die Einbauküche -n: fitted kitchen
Schülern Unterricht geben: to give classes to students
Geld verdienen: to earn money
jdm. Erlaubnis geben: to give sb. permission

7.

Wir **geben** morgen **eine große Geburtstagsfeier**.
Sie hat vor, an ihrem Geburtstag **eine Party** zu **geben**.
Meine Lieblingsband wird nächste Woche in Berlin **ein Konzert geben**.
Gib ihr **keine falschen Hoffnungen**, wenn du sie nicht liebst.
Sie **geben sich gegenseitig ein Versprechen** für ein baldiges Wiedersehen.
Mein Vater hat **mir sein Wort gegeben**, dass er mir ein Ticket für das Konzert besorgen wird.

eine große Geburtstagsfeier geben: to give a big birthday party
ein Konzert geben: to give a concert
die Hoffnung -en: hope
ein Versprechen geben: to make a promise
gegenseitig: mutual, mutually, each other
jdm. sein Wort geben: to give sb. one's word
jdm. etw. besorgen: to get sth. for sb.

8.

Morgen **soll es Regen geben**.
Ich **gebe keinen Cent dafür**.
Ich **gebe höchstens 10 Euro dafür**.
Er wurde gebeten etwas zu sagen, aber er konnte **keinen Ton von sich geben**.

der Regen -: rain
keinen Cent dafür geben: to not give a cent for it
höchstens 10 Euro dafür geben: to give a maximum of 10 euros
bitten: to ask, to request
etw. von sich(D) geben: to utter, to sound, ~ to express

18. kennen: to know
kennt, kannte, hat gekannt

1.

jdn. kennen: to know someone
sich kennen: to know each other

Ich **kenne sie seit meiner Kindheit**.
Kennen wir uns?
Woher **kennt ihr euch zwei**?
Kennt ihr euch? -Ja, **wir kennen uns** schon.
Kennst du ihn? -Ich **kenne ihn vom Sehen**.
Sie **kennt mich vom Sehen. Wir kennen uns nicht persönlich**.
Wie ich ihn kenne, ist er ein hilfsbereiter Mensch.
Das würde ich niemals machen, **ich kenne mich**.
Ich **kenne weder Sie noch Ihre Frau**.

seit meiner Kindheit: since my childhood
Kennen wir uns?: Do we know each other?
vom Sehen kennen: to know by face/sight
jdn. persönlich kennen: to know sb. personally
wie ich ihn kenne: as I know him
ein hilfsbereiter Mensch: a helpful person
würden: would
weder ... noch : neither ... nor

2.

etw. kennen: to know sth.

Ich **kenne diese Stadt** gut.
Ich **kenne dieses Gefühl**.
Ich **kenne einen kürzeren Weg**.
Kennst du hier **ein gutes Restaurant in der Nähe**?
Kennst du **die Regeln**? - Ja, aber ich kann nicht so gut spielen.
Meine Liebe zu dir **kennt keine Grenzen**.
In meiner Stadt **kennt** man **keinen Diebstahl**.
Sie **kennt nichts als ihre Arbeit**.

die Stadt -"e: city
das Gefühl -e: feeling
der Weg -e: way

kürzer: *shorter*
in der Nähe: *nearby, close*
die Regel -n: *rule*
die Grenze -n: *border*
der Diebstahl -"e: *theft*
nichts als: *nothing but*
nichts als ihre Arbeit kennen: *to know nothing but their work*

kennenlernen: to meet, to get to know

Können wir **uns kennenlernen**?
Es freut mich, **Sie kennenzulernen**.
Ich habe **meine Frau** im Urlaub **kennengelernt**.
Wo hast du **deinen Mann kennengelernt**?

sich kennenlernen: *to get to know each other*
Es freut mich, Sie kennenzulernen. : *It's nice to meet you.*

19. nehmen: to take
nimmt, nahm, hat genommen

1.

etw. von/aus etw. nehmen: to take out/from, to remove

Sie hat **den Reisepass aus der Tasche genommen**.
Nimmst du bitte **die benutzten Gläser vom Tisch**?
Nimm das Hähnchen aus dem Ofen, bevor es noch verbrennt.
Hast du **Geld aus meinem Portemonnaie genommen**? Mir fehlen 20 Euro.
Sie **nimmt ihr Lieblingskleid aus dem Schrank**, das sie heute Abend tragen möchte.
Zum Abschied vom Publikum **nahm** er **seinen Hut vom Kopf** und beugte sich dabei.

der Reisepass -"e: passport
benutzt: used
das Hähnchen -: chicken
der Ofen -": oven
verbrennen: to burn
das Portemonnaie -s: wallet, purse
das Lieblingskleid -er: favorite dress
der Schrank -"e: closet
tragen: to wear
der Abschied -e: farewell, goodbye
das Publikum: audience
der Hut -"e: hat
sich(A) beugen: to bend

2.

Diese Äpfel sehen lecker aus, **die nehme** ich.
Zum Backen **nehme** ich meistens **Butter** anstatt Margarine.
Ich **nehme** für meinen Kaffee **nichts außer Milch**.
Wie lange musst du **die Tabletten nehmen**?
Ich habe heute Morgen vergessen, **mein Medikament** zu **nehmen**.
Weil er **Drogen nimmt**, haben wir ihm empfohlen, eine Entzugsklinik zu besuchen.

meistens: mostly
anstatt: instead of
nichts außer Milch: nothing but milk
Drogen nehmen: to take drugs
empfehlen: to recommend
die Entzugsklinik -en: rehabilitation center

3.

sich(D) etwas nehmen: to take sth. / to help oneself to sth.

Ich **nehme mir einen Kaffee** und **ein Stück Kuchen**.
Sie **nimmt sich** gerne **noch ein süßes Gebäck** zu ihrem Kaffee.
Ich **nehme mir ein Taxi**, um zum Flughafen zu fahren.
Frühstück ist meine Lieblingsmahlzeit. Dabei **nehme ich mir** immer **viel Zeit**.

sich(D) einen Kaffee nehmen: to take a coffee
das Gebäck: pastry, cookies
sich(D) ein Taxi nehmen: to take a taxi
die Mahlzeit -en: meal
sich(D) viel Zeit nehmen: to make time; to take time

4.

Bist du dir sicher, dass du **die Bahn nehmen** möchtest?
Soll ich dich nach Hause fahren? - Danke. Ich **nehme** lieber **ein Taxi**.
Wenn ich **den nächsten Zug nehme**, bin ich nach einer halben Stunde bei dir.
Ich möchte für nächste Woche **Urlaub nehmen**.

die Bahn nehmen: to take the train
jdn. nach Hause fahren: to drive sb. home
den nächsten Zug nehmen: to take the next train
Urlaub nehmen: to take a vacation

5.

jdm. etwas nehmen: to take away sb.'s sth.

Sie möchte **sich das Leben nehmen**.
Ich habe **ihr den Stift aus der Hand genommen**.
Die Mutter hat **dem Kind die Schere aus der Hand genommen**.
Als **ihm das Spielzeug genommen** wurde, fing er an zu weinen.
Mit deiner negativen Einstellung **nimmst** du **mir meine Hoffnung**.
Die Bücher, die ich gestern gekauft habe, haben **mir die Langeweile genommen**.

sich(D) das Leben nehmen: to take one's own life
ihr den Stift aus der Hand nehmen: to take the pen from her hand
dem Kind die Schere nehmen: to take the scissors from the child
ihm das Spielzeug nehmen: to take the toy from him
anfangen: to begin, to start
weinen: to cry
mit deiner negativen Einstellung: with your negative attitude
jdm. die Hoffnung nehmen: to frustrate sb., to take sb.'s hope
jdm. die Langeweile nehmen: to take sb.'s boredom away

6.

sich(D) etw. nicht nehmen lassen: to insist on doing sth.

Ich **lasse mir die Chance nicht nehmen**, mich zum Wettbewerb anzumelden.
Er **lässt es sich nicht nehmen**, sich jedes Jahr einen Wellnessurlaub zu gönnen.
Nach dem Konzert **ließ** ich **es mir nicht nehmen**, ein Autogramm von ihm zu holen.

sich(A) zum Wettbewerb anmelden: to register for the competition
sich(D) etw. gönnen: to allow oneself sth., to indulge in sth.
ein Autogramm holen: to get an autograph

7.

Die Mutter **nimmt das Kind** fest **in den Arm**.
Das Kind ist hingefallen und die Mutter hat **es in den Arm genommen**.
Sie **nahm den verletzten Hund in den Arm** und brachte es sofort zum Tierarzt.
Im Streichelzoo darf man **Tiere auf den Arm nehmen** und sogar füttern.
Ist das dein Ernst oder **nimmst** du **mich** bloß **auf den Arm**?
Die Mutter **nimmt das Kind auf den Schoß** und lächelt es an.
Wenn wir einen Spaziergang machen, **nehme** ich **mein Baby** gerne **auf den Rücken**.

fest: tight, tightly
hinfallen: to fall down
jdn. in den Arm nehmen: to take sb. in one's arms, to put one's arm around sb.
verletzt: injured
der Streichelzoo -s: petting zoo
ein Tier auf den Arm nehmen: to pick up an animal
sogar: even
füttern: to feed
Ist das dein Ernst?: Are you serious?
bloß: just
jdn. auf den Arm nehmen (ugs.): to tease sb., to kid sb.
ein Kind auf den Schoß nehmen: to take a child on one's lap
jdn. anlächeln: to smile at sb.
einen Spaziergang machen: to take a walk, to go for a walk
ein Baby auf den Rücken nehmen: to take a baby on one's back

8.

Du darfst **keine Schimpfwörter in den Mund nehmen**.
Pass auf, dass das Kind **keine Kleinteile in den Mund nimmt**.
Nimm deinen Finger nicht **in den Mund**. Du hast gerade im Matsch gespielt.
Ich **nahm das Buch unter den Arm** und machte mich auf den Weg zur Bibliothek.
Während des Spaziergangs **nimmt** der Vater **sein Kind auf die Schultern**.
Er wollte nicht **die Schulden seiner Eltern auf seine Schultern nehmen**.

das Schimpfwort -"er: *swear word, curse word*
der Mund -"er: *mouth*
aufpassen: *to be careful, to take care, to pay attention*
der Finger -: *finger*
im Matsch spielen: *to play in the mud*
das Buch unter den Arm nehmen: *to take the book under one's arm*
sich(A) auf den Weg machen: *to go on one's way*
jdn./etw. auf die Schultern nehmen: *to take sb./sth. on one's shoulders*
die Schulter -n: *shoulder*
die Schuld -en: *debt*

9.

Nimm es bitte nicht **persönlich**.
Diese Ermahnung solltest du **ernst nehmen**.
Diese Rede solltest du **als gutes Zeichen nehmen**.
Er **nimmt** jetzt erst mal **seine neue Arbeit in die Hand**.
Willst du sie **zur Frau nehmen**?

etw. persönlich nehmen: *to take sth. personally*
jdn./etw. ernst nehmen: *to take sb./sth. seriously*
etw. als etw. nehmen: *to take sth. as sth.*
die Rede -n: *speech*
als gutes Zeichen: *as a good sign*
eine Arbeit in die Hand nehmen: *to undertake a job, to take a job in hand*
jdn. zur Frau nehmen: *to take sb. for one's wife*

10.

Seitdem ich appetitlos bin, **nehme** ich fast **nichts zu mir**.
Er hat **die Schuld auf sich genommen**, obwohl er unschuldig war.
Er ist ein etwas nerviger Typ. Aber wir müssen **ihn so nehmen, wie** er ist.
Um eine schlechte Note in Mathematik zu vermeiden, **nehme** ich **Nachhilfe in Anspruch**.

etw. zu sich(D) nehmen: *to have/drink/eat sth.*
die Schuld auf sich(A) nehmen: *to take the blame*
unschuldig: *innocent, not guilty*
nervig: *annoying, irritating* | ***der Typ -en***: *guy*
jdn. so nehmen wie er/sie ist: *to take sb. as he/she is*
vermeiden: *to avoid*
in Anspruch nehmen: *to use, to utilize, to take advantage of*
die Nachhilfe -n: *extra help, private tutoring*

20. trinken: to drink
trinkt, trank, hat getrunken

1.

Sarah und Eva **trinken** gerne **Kaffee**.
Jedes Mal nach dem Joggen, **trinke** ich **viel Wasser**.
Zum Frühstück **trinke** ich am liebsten **Orangensaft**.
An heißen Sommertagen **trinke** ich **das Wasser** lieber kalt.
Ich habe seit heute Morgen Kopfschmerzen.
- Hast du denn **genügend Wasser getrunken**?

einen Kaffee trinken: to drink a coffee
viel Wasser trinken: to drink a lot of water
zum Frühstück Orangensaft trinken: to drink orange juice for breakfast
heute Morgen: this morning
Kopfschmerzen (pl.): headache
genügend Wasser trinken: to drink enough water:

2.

Trinken Sie **ausreichend**?
Du solltest **täglich viel trinken**.
Moment, lass mich erst mal **etwas trinken**.
Kannst du mir **etwas** zu **trinken** geben?
Bitte **trink** nicht **aus der Flasche**, sondern **aus dem Glas**.
Sollen wir nach der Arbeit **etwas trinken gehen**, falls es dir nichts ausmacht?
Lass uns am Abend **einen trinken gehen**.

ausreichend trinken: to drink sufficient
täglich viel trinken: to drink a lot every day
täglich: daily, every day
aus der Flasche trinken: to drink from the bottle
aus dem Glas trinken: to drink from the glass
falls es dir nichts ausmacht: if you don't mind
etwas trinken gehen: to go for a drink
einen trinken gehen: to go for a drink (to have an alcoholic drink)

3.

Es gibt nichts schöneres, als am frühen Morgen **eine Tasse Kaffee** zu **trinken**.
Nach dem harten Training hat er **eine Flasche Wasser leer getrunken**.
Mein Mund ist trocken vom Reden. Ich sollte mal **einen Schluck Wasser trinken**.
Seit es mir gesundheitlich nicht gut geht, **trinke** ich **keinen Alkohol** mehr.
Es ist gesünder für den Körper, das Wasser **in kleinen Schlucken** zu **trinken**.
Wir stehen schon so lange auf den Beinen. Lass uns in einem Café ausruhen und **ein Glas Tee trinken**.
Sie haben **auf ihr 10-jähriges Hochzeitsjubiläum getrunken**.

am frühen Morgen: in the early morning
eine Tasse Kaffee trinken: to drink a cup of coffee
eine Flasche Wasser: a bottle of water
leer trinken: to drink up
der Mund "er: mouth
trocken vom Reden: dry from talking
einen Schluck Wasser trinken: to drink a sip of water
keinen Alkohol trinken: to drink no alcohol
gesünder: healthier
der Körper -: body
in kleinen Schlucken trinken: to drink in small sips
das Bein -e: leg
sich(A) ausruhen: to rest, to relax
auf jdn./etw. trinken: to drink to sb./sth.
das Hochzeitsjubiläum - die Hochzeitsjubiläen: wedding anniversary

21. essen: to eat
isst, aß, hat gegessen

1.

Ich **esse** gerne einmal in der Woche **Fisch**.
Isst du gerne **deinen Salat mit** oder **ohne** Soße?
Ich **esse kein Fleisch**, da ich Vegetarier bin.
Ich **esse** gerne **Toastbrot mit** Avocado Aufstrich.
Spaghetti esse ich mit einer Gabel und einem Löffel.

etw. essen mit etw.: to eat sth. with sth.
etw. essen ohne etw.: to eat sth. without sth.
einmal in der Woche: once a week
der Fisch -e: fish
das Fleisch: meat
der Vegetarier -: vegetarian
der Aufstrich -e: spread
die Gabel -n: fork
der Löffel -: spoon
mit einer Gabel und einem Löffel essen: to eat with a fork and a spoon

2.

Was sollen wir heute **zu Mittag essen**?
Was gibt es heute Abend **zum Essen**?
Am Wochenende bin ich bei meiner Mutter **zum Essen eingeladen**.
Wir **essen zum Frühstück** leckere Käsesorten und etwas Obst dazu.

zu Mittag / zu Abend essen: to have lunch / dinner
zum Essen einladen: to invite to dinner
etwas zum Frühstück essen: to eat sth. for breakfast
lecker: delicious
die Käsesorte -n: kind of cheese
das Obst: fruit
dazu: to it/that, with it

3.

Ich habe Hunger! **Lass uns etwas essen**.
Ich möchte nichts essen, weil ich keinen Hunger habe.
Sie hatte keinen Hunger, trotzdem **aß** sie **eine halbe Pizza**.
Sie **isst** sehr **wenig**, um schlank zu bleiben.
Du musst damit aufhören, jeden Tag **Süßigkeiten** zu **essen**.
Ich bin sehr mager. Ich wünschte, dass ich **mit** mehr **Appetit essen** könnte.
Willst du **noch von dem Reis essen**?
- Nein, danke. Ich bin schon satt.

Hunger haben: to be hungry
Lass uns etwas essen. : Let's eat something.
Ich möchte nichts essen. : I don't want to eat anything.
trotzdem: still(but), yet, nevertheless
eine halbe Pizza essen: to eat half a pizza
wenig essen: to eat little
um schlank zu bleiben: to stay slim
aufhören mit: to stop
jeden Tag: every day
Süßigkeiten essen: to eat sweets
mager: thin, skinny
mit Appetit essen: to eat with an appetite
der Reis: rice
Ich bin schon satt. : I'm already full.

4.

Weißt du, wo man in der Stadt **lecker essen** kann?
Ich kann es kaum erwarten, heute Abend **mit ihr essen** zu **gehen**.
Ich habe ihr versprochen, dass wir heute **chinesisch essen** werden.
Du kannst erst raus, wenn du **deinen Teller leer gegessen** hast.
Die Mutter hat ihren Sohn darum gebeten, **seinen Teller leer** zu **essen**.
Heute **esse** ich nicht **in der Kantine**. Meine Frau hat mir Essen von zu Hause eingepackt.

in der Stadt: in the city
lecker: delicious
Ich kann es kaum erwarten. : I can't wait any longer.
versprechen: to promise
chinesisch / italienisch essen: to have a Chinese / an Italian meal
Du kannst erst raus, wenn ... : You can only get out when ...
um etwas bitten: to ask for sth.
der Teller -: plate
den Teller leer essen: to finish one's meal
in der Kantine essen: to eat in the canteen
einpacken: to wrap, to pack

22. sehen: to see
sieht, sah, hat gesehen

1.

Ohne meine Brille kann ich nicht gut **sehen**.
Wenn es dunkel genug ist, kannst du **die Sterne sehen**.
Konntest du **den Unterschied zwischen den beiden Fotos sehen**?
Ich verstehe dich, jedoch **sehe** ich **die Sache anders**.
Mein Mann hat mich überredet, mit ihm das heutige **Fußballspiel** zu **sehen**.

ohne Brille sehen: to see without glasses
dunkel genug: dark enough
der Stern -e: star
die Sterne sehen: to see the stars
den Unterschied zwischen ... sehen: to see the difference between ...
zwischen den beiden Fotos: between the two photos
jedoch: however, though
die Sache -n: matter, thing
anders: different, differently
jdn. (dazu) überreden, etw. zu tun: to persuade sb. to do sth.
heutig: today's
Fußballspiel sehen: to watch football game

2.

Ich kann es kaum erwarten, dich zu sehen!
Sie waren eine lange Zeit nicht in unserem Café. **Schön, Sie hier zu sehen**.
Wir **sehen uns** morgen um 15 Uhr vor der Cafeteria.
Wir haben **uns** seit Monaten nicht **gesehen**. Wo warst du so lange?

Ich kann es kaum erwarten, dich zu sehen! : I can't wait to see you!
eine lange Zeit: a long time
Schön, Sie hier zu sehen. : Nice to see you here.
sich sehen: to meet
um 15 Uhr vor der Cafeteria: at 3 p.m. in front of the cafeteria
sich seit Monaten nicht sehen: to not see each other for months
Wo warst du so lange?: Where have you been so long?

3.

Ich **lasse mich** morgen **bei meinem Arzt sehen**.
Sie haben sich verletzt. **Lassen Sie mich** Ihre Wunde **sehen**.
Wie interessant! **Lass mal sehen**, was du da in deiner Hand hältst.
Ich kann meinem Freund **mich so nicht sehen lassen**!
Meine Kleidung ist klitschnass! Wie kann ich **mich so sehen lassen**?

sich(A) bei jdm. sehen lassen: to visit sb., to see sb.
sich(A) bei einem Arzt sehen lassen: to see a doctor
sich(A) verletzen: to injure oneself
Lassen Sie mich Ihre Wunde sehen. : Let me see your wound.
die Wunde -n: wound
Lass mal sehen. : Let's see.
in deiner Hand halten: to hold in your hand
sich(A) sehen lassen: to show up
die Kleidung: clothes, dress
klitschnass: soaking wet

4.

Wir **kennen uns** nur **vom Sehen**.
Ich habe **noch nie zuvor sowas Schönes gesehen**.
Was ist das Schönste, was du je **in deinem Leben gesehen** hast?
Du wirst schon sehen, unser Urlaub mit den Kindern wird ganz amüsant.
Sieh mal, es hat angefangen zu schneien.
Mal sehen, wo unsere Reise mit der ganzen Familie hingehen soll.
In unserer Stadt gibt es den Kölner Dom. Den **muss man sehen**.
In Köln gibt es wunderschöne Sehenswürdigkeiten, die man **einmal im Leben gesehen** haben **muss**.

jdn./sich vom Sehen kennen: to know sb./each other by sight
Ich habe noch nie zuvor sowas Schönes gesehen. :
I have never seen anything so beautiful before.
je: ever
Du wirst schon sehen. : You will see.
Sieh mal!: Look!
Mal sehen. : We'll see.
die Sehenswürdigkeiten (pl.): sights, places of interest
einmal im Leben: once in a lifetime

5.

Sie hat in der Umkleidekabine **in den Spiegel gesehen**.
Während der Autofahrt **sehe** ich ab und zu **in den Rückspiegel**.
Vor der Operation konnte ich nur **mit einem Auge sehen**.
Wenn du zu lange **auf den Bildschirm siehst**, schadest du deinen Augen.
Als ich mich am Kopf gestoßen habe, **sah** ich eine kurze Zeit lang alles **doppelt**.

in den Spiegel sehen: to look in the mirror
mit einem Auge sehen: to see with one eye
auf den Bildschirm sehen: to look at the screen
alles doppelt sehen: to see everything twice

6.

Ich gehe in den Spielplatz, um kurz **nach meinem Kind** zu **sehen**.
Ich **sah das Auto** nicht **kommen**. Es hätte mich fast überfahren.
Ich **sehe meiner Tochter** tief **in die Augen**, wenn ich ernst mit ihr rede.
So gesehen hast du recht mit deiner Meinung.

in den Spielplatz gehen: to go to the playground
nach jdm. sehen: to go and see sb., to check if sb. is okay,
to take care of sb., to look after sb.
jdn./etw. kommen sehen: to see sb./sth. coming
jdn. überfahren: to run over, to knock down
jdm. in die Augen sehen: to look into sb.'s eyes
tief: deep
mit jdm. reden: to talk to sb.
ernst reden: to talk seriously

23. schauen: to look
schaut, schaute, hat geschaut

1.

Du **schaust traurig**. Ist alles in Ordnung?
Wieso **schaust** du so **böse**? Habe ich etwas Falsches gesagt?
Regnet es? - Moment, ich **schaue mal aus dem Fenster**.
Schau mal nach oben. Siehst du den Regenbogen?
Schau mal, was ich gefunden habe.

traurig schauen: to look sad
Ist alles in Ordnung?: Is everything ok?
böse schauen: to look angry
etwas Falsches sagen:
to say sth. wrong

aus dem Fenster schauen:
to look out of the window
nach oben schauen: to look up
der Regenbogen -: rainbow
Schau mal, was ich gefunden habe. :
Look what I found.

2.

Du hast mich die ganze Zeit angelogen! Wie kannst du **mir** noch **ins Gesicht schauen**?
Ich werde nervös, wenn ich ihn sehe. Ich kann **ihm** nicht mal **in die Augen schauen**.
Du darfst dich nicht verspäten. Der Chef **schaut** sehr **auf Pünktlichkeit**.
Unsere Wohnung ist immer sauber. Meine Mutter **schaut auf Sauberkeit**.
In einer Beziehung **schau** ich sehr **auf gegenseitiges Vertrauen**.

jdn. anlügen: to lie to sb.
die ganze Zeit: all the time, the whole time
jdm. ins Gesicht schauen: to look sb. in the face
jdm. in die Augen schauen:
to look into sb.'s eyes
sich(A) verspäten: to be late
die Pünktlichkeit: punctuality
sauber: clean

die Sauberkeit: cleanliness
auf etw. schauen: to pay attention
to sth., to place value on sth.
auf jdn./etw. schauen: to look at sb./sth.
in einer Beziehung: in a relationship
gegenseitig: mutual, mutually
vertrauen: to trust

3.

Ich werde am Wochenende **nach meinem kranken Opa schauen**.
Ich wollte kurz **nach Herrn Müller schauen**. Ist er da?
Darf ich deinen Laptop benutzen? Ich möchte nur **nach etwas schauen**.
Wo ist deine kleine Schwester? Hast du **nach ihr geschaut**?

nach jdn./etw. schauen: to take care of sb./sth., to have/take a look at sb./sth.,
to check up on sb./sth.
der Opa -s: grandpa
die Schwester -n: sister

24. gucken: to look
guckt, guckte, hat geguckt

1.

Hey, **guck mal**, was ich hier gefunden habe!
Ich will **mal gucken**, was gerade in den Nachrichten läuft.
Sie **guckt aus dem Fenster**, um nach den Kindern zu sehen.
Ich **gucke kein Fernsehen** mehr, stattdessen lese ich gerne Bücher.
Du darfst **Fernsehen gucken**, nachdem du deine Hausaufgaben gemacht hast.

guck mal! : look!
die Nachrichten (pl.): news
aus dem Fenster gucken: to look out of the window
das Fernsehen: TV
Fernsehen gucken: to watch TV
stattdessen: instead
die Hausaufgaben machen: to do the homework

2.

Sie **guckt ständig auf die Uhr**. Sie kann es kaum erwarten, Feierabend zu machen.
Nachdem ich am späten Abend **die Serie geguckt** hatte, ging ich müde ins Bett.
Um etwas über ihre Gesundheit sagen zu können, muss ich erst mal **auf ihre Blutwerte gucken**.

ständig auf die Uhr gucken: to look at the clock constantly
Sie kann es kaum erwarten. : She can't wait any longer.
Feierabend machen: to finish work for the day
am späten Abend: late in the evening
eine Serie gucken: to watch a series
die Gesundheit: health
auf ihre Blutwerte gucken: to look at her blood values

25. hören: to hear, to hear about, to listen
hört, hörte, hat gehört

1.

Schrei nicht. Ich kann **dich** schon **hören**.
Lass uns im Radio **die Nachrichten hören**.
Ich **höre** Sie **schlecht**. Können Sie das bitte wiederholen?
Wie ich gehört habe, möchtest du dein Haus verkaufen.
Die Studenten **hören eine Vorlesung** in der Universität.
Welche Art von Musik hörst du gerne?
In meiner Freizeit **höre** ich gerne **Musik** und spiele Gitarre.
Ich möchte **von dir** nie wieder **etwas hören**.

die Nachrichten hören: to hear the news
schlecht hören: to hear bad
wie ich gehört habe: as I have heard
eine Vorlesung hören: to listen to a lecture
Welche Art von Musik ...? : What kind of music ...?
von jdm. etwas hören: to hear sth. from sb.

2.

Hörst du auch **ein Geräusch**?
Deine Stimme zu **hören** reicht aus, um mein Herz rasen zu lassen.
Ich **hörte einen Lärm** von draußen und ging ans Fenster, um zu sehen, was los war.
Ich **hörte** mitten in der Nacht **Schritte** in meinem Garten und alarmierte die Polizei.
Ich brauche dringend einen Termin beim HNO-Arzt. Seit heute Morgen **höre** ich nur **auf einem Ohr**.

ein Geräusch hören: to hear a sound/noise
eine Stimme hören: to hear a voice
ausreichen: to be enough
das Herz -en: heart
rasen: to race
einen Lärm hören: to hear a noise
von draußen: from outside
ans Fenster gehen: to go to the window
um zu sehen, was los war: to see what was going on
mitten in der Nacht: middle of the night
Schritte hören: to hear steps (footsteps)
dringend einen Termin brauchen: to need an appointment urgently
HNO-Arzt: ENT doctor
auf einem Ohr hören: to hear in one ear

3.

Ich habe **die Bahn** aus dem Tunnel **kommen hören**.
Ich habe **an ihrer Stimme hören** können, dass es ihr nicht gut ging.
An dem Motorgeräusch hörte ich, dass es das Auto von meinem Onkel war.
Wann haben sie sich scheiden lassen? Ich habe **davon** nicht **gehört**.
Hast du **von dem Unfall** auf der Autobahn **gehört**? Es gab anscheinend viele Verletzte.
Das habe ich dir immer versucht zu erklären, aber du hast **nie auf mich gehört**.

jdn./etw. kommen hören: to hear sb./sth. coming
etw. an etw.(D) hören: to recognize with hearing, to hear(tell) sth. from sth.
sich(A) scheiden lassen: to divorce, to get divorced
von jdm./etw. hören: to hear of/about sb./sth.
anscheinend: apparently
viele Verletzte: many injured
versuchen: to try
erklären: to explain
auf jdn. hören: to listen to sb., to heed sb.

26. spielen: to play
spielt, spielte, hat gespielt

1.

Wir haben vor, am Wochenende **Billard** zu **spielen**.
Wir haben mit Freunden abgemacht, **Fußball** zu **spielen**.
Meine Mutter lässt mich keine **Computerspiele spielen**.
Seit meiner Kindheit **spiele** ich gerne **Blockflöte**.
Er möchte **Lotto spielen**, um sein Glück zu versuchen.
Immer, wenn uns langweilig wurde, **spielten** wir **Verstecken**.
Schach spielen wird empfohlen, weil es vor allem die Gehirnfunktion verbessert.
Die Kinder können auf der Wiese **Ball spielen**, während wir den Grill vorbereiten.
Wenn du dir Tennisschläger besorgst, kann ich dir **Tennisspielen beibringen**.

vorhaben, etw. zu tun: to intend/plan to do sth.
abmachen: to arrange, to settle, to agree
Blockflöte spielen: to play the recorder/flute
Lotto spielen: to play the lottery
sein Glück versuchen: to try one's luck, to chance one's luck
langweilig: boring
Verstecken spielen: to play hide and seek
Schach spielen: to play chess
empfehlen: to recommend
vor allem: especially
die Gehirnfunktion -en: brain function
Ball spielen: to play ball
verbessern: to improve
auf der Wiese: on the grass
vorbereiten: to prepare
sich(D) etw. besorgen: to get sth., to buy sth.
der Tennisschläger -: tennis racket
jdm. etw. beibringen: to teach sb. sth.

2.

Mit dem Feuer zu **spielen** ist gefährlich.
Spiel doch draußen **mit deinen Freunden**, anstatt den ganzen Tag **am Computer** zu **spielen**!
Du kannst erst dann **im Garten spielen**, wenn es aufhört zu regnen.
Wir können es uns im Park gemütlich machen, während die Kinder dort **im Sand spielen**.
Ein Glück, dass wir in unserer Nähe einen **Spielplatz** haben, **auf dem** die Kinder spielen können.

mit dem Feuer spielen: to play with fire
gefährlich: dangerous
anstatt: instead of
am Computer spielen: to play on the computer
im Garten spielen: to play in the garden
wenn es aufhört zu regnen: when it stops raining
es sich(D) gemütlich machen: to make oneself comfortable
im Sand spielen: to play in the sand
auf dem Spielplatz spielen: to play in the playground

3.

Welche Mannschaften **spielen** heute **gegeneinander**?
Unser Team hat heute **gegen eine starke Mannschaft gespielt** und gewonnen.
Heute **spielen die Mannschaften um den Pokal**. Wer gewinnt wohl?
Die deutsche Nationalmannschaft hat **1:1 gespielt**.
Das Spiel muss wiederholt werden, weil **unentschieden gespielt** wurde.

die Mannschaft -en: team
gegeneinander spielen: to play against each other
gegen jdn. spielen: to play against sb.
gegen eine Mannschaft spielen: to play against a team
gewinnen: to win
um einen Pokal spielen: to play for a cup
wiederholen: to repeat
unentschieden: drawn
unentschieden spielen: to draw

4.

Du brauchst jetzt nicht **den Unschuldigen** zu **spielen**!
Soll ich die Tabletten morgens oder abends einnehmen? - **Das spielt keine Rolle**.
Er meldet sich einfach nicht mehr. Ich habe Angst, dass er **mit meinen Gefühlen spielt**.

den Unschuldigen spielen: to play the innocent
die Tabletten einnehmen: to take the tablets
eine Rolle spielen: to matter, to play a role
Das spielt keine Rolle.: It doesn't matter.
sich(A) melden: to get in touch, to report
Angst haben: to be afraid, to be scared, to fear
mit den Gefühlen einer Person spielen: to play with someone's feelings

27. schlafen: to sleep
schläft, schlief, hat geschlafen

1.

Ich gehe ins Bett. - **Schlaf gut!**
Das Kind **schläft tief und fest** in seinem Bett.
Am Wochenende habe ich **bei meiner Freundin geschlafen**.
Meine Tochter liebt es **mit ihrem Teddybären** zu **schlafen**.
Mit den Beruhigungstabletten kann ich abends **besser schlafen**.

ins Bett gehen: to go to bed
tief und fest schlafen: to sleep deeply
bei jdm. schlafen: to sleep at sb.'s, to stay with sb.
es lieben, etw. zu tun: to love to do sth.
mit dem Teddybären schlafen: to sleep with the teddy bear
die Beruhigungstablette -n: sedative tablet

2.

Wie lange **schläfst** du **am Tag**?
Es ist Zeit, **schlafen** zu **gehen**! Schalte bitte den Fernseher aus!
Wenn ich müde aufwache, stelle ich den Wecker aus und **schlafe weiter**.
Wenn du während der Morgenstunden **schlafen** willst, hilft es, das Zimmer zu verdunkeln.
Ich habe **bis 7 Uhr geschlafen** und habe mich dann für die Arbeit fertig gemacht.
Gestern habe ich **nur 4 Stunden geschlafen**. Ich fühle mich daher sehr schlapp und müde.

Wie lange schläfst du am Tag?: How long do you sleep a day?
den Fernseher ausschalten: to turn off the TV
müde aufwachen: to wake up tired
den Wecker ausstellen: to turn off the alarm clock
das Zimmer verdunkeln: to darken the room
sich(A) fertig machen: to get ready
sich(A) schlapp und müde fühlen: to feel weak and tired

3.

Bis heute noch kann mein Baby nicht **allein schlafen**.
Ich finde es angenehmer, **auf dem Bauch** zu **schlafen**.
Wie kannst du bloß **nackt schlafen**? Wird dir nachts nicht kalt?
Gestern Nacht habe ich **auf der Couch geschlafen**. Jetzt tut mir alles weh.
Wie kann ich mein Kind dazu bringen, abends **früher** zu **schlafen**?
Letzten Sommer waren wir mit Freunden auf den Bergen. Wir haben **im Zelt geschlafen**.

allein schlafen: to sleep alone
angenehm: pleasant, enjoyable
auf dem Bauch schlafen: to sleep on the stomach
nackt schlafen: to sleep naked
auf der Couch schlafen: to sleep on the couch
weh tun: to hurt, to ache
jdn. dazu bringen, etw. zu tun: to get sb. to do sth.
auf den Bergen: on the mountains
im Zelt schlafen: to sleep in a tent

4.

Ich will **mit ihm** nicht mehr **schlafen**, weil ich ihm nicht mehr vertraue.
Gestern Nacht habe ich **bei offenem Fenster geschlafen**. Daher bin ich jetzt erkältet und habe Halsschmerzen.

mit jdm. schlafen: to have sex with sb.
vertrauen: to trust
daher: therefore, hence, that is why
Ich bin erkältet. : I have a cold.
bei offenem Fenster schlafen: to sleep with an open window
Halsschmerzen haben: to have a sore throat

28. laufen: to walk, to run
läuft, lief, ist gelaufen

1.

Lauf schnell, sonst verpasst du die Bahn!
Wir sind **gelaufen**, weil heute die Busse und Bahnen streiken.
Hättest du Lust, morgen mit mir **Schlittschuh** zu **laufen**?
Nachdem sie ihren Fuß verrenkt hatte, **konnte** sie **nicht mehr laufen**.
Von der Schule aus bis nach Hause **sind es 10 Minuten zu laufen**.

eine Bahn verpassen: to miss a train
streiken: to strike
Lust haben: to feel like
Hättest du Lust, etwas zu tun? : Would you like to ...?
Schlittschuh laufen: ice-skating, to skate
den Fuß verrenken: to sprain one's ankle/foot
Von ...aus bis nach ... sind es ... Minuten zu laufen: It takes ... minutes to walk from ... to ....

2.

Für einen gesunden Start in den Tag, **laufe** ich **jeden Morgen**.
Ich **laufe jeden Tag 10 km**. Bis zum Sommer muss ich noch ein paar Kilos abnehmen.
Weil das Wetter heute so schön war, bin ich **von der Arbeit nach Hause gelaufen**.
Mein kleines Kind will immer **auf die Straße laufen**. Deswegen muss ich sehr aufmerksam sein.

abnehmen: to lose weight
auf die Straße laufen: to run into the street
aufmerksam: attentive, careful

3.

Wie läuft es mit deinem neuen Freund?
Wir sind schon seit 12 Jahren verheiratet und unsere Ehe **läuft immer noch gut**.
Meine Ehe **läuft in letzter Zeit sehr schlecht**. Wir haben vor, zu einer Eheberatung zu gehen.
Wie ist gestern **deine Prüfung gelaufen**?
Seine neue Single **läuft sehr gut**. Ich habe gelesen, dass sie bereits mehr als 50.000 Mal verkauft wurde.

Wie läuft es mit ...? : *How is it going with ...?*
die Ehe -n*: marriage*
etw. läuft gut*: sth. is going well*
in letzter Zeit*: lately*
vorhaben, *etw.* ***zu*** *tun: to intend/plan to do sth.*
die Eheberatung -en*: marriage counseling*
Wie ist es gelaufen?*: How did it go?*
die Prüfung -en*: exam*

4.

laufen: to be on the TV / radio, to start

Wann läuft der Film?
Der Wetterbericht läuft immer **nach den Nachrichten**.
Bei RTL läuft gerade **der Film** "Lord of the Rings".
Ich bin auf der Suche nach einem Lied, das gestern **im Radio lief**.
Heute Abend **läuft eine Quizsendung**, die wir mit der ganzen Familie schauen werden.

der Wetterbericht -e*: weather forecast*
nach den Nachrichten*: after the news*
auf der Suche nach*: to be looking for*
die Quizsendung -en*: quiz program*

5.

Mein neues Auto **läuft auf den Namen** meines Vaters.
Das Spiel **ist gelaufen**. Du hast verloren, akzeptier es.
Der Fernseher läuft noch. Vergiss ihn nicht auszuschalten, bevor du schlafen gehst.
Mein Handyvertrag läuft bis zum Ende September.
Mein Handy funktioniert nicht mehr. Aber **die Garantie läuft noch**, ich werde es reparieren lassen.

etw. läuft auf den Namen*: ~ to be registered on the name*
gelaufen sein*: to be over*
verlieren*: to lose*
akzeptieren*: to accept*
ausschalten*: to turn off*
Mein Handyvertrag läuft bis zum ...*: My mobile phone contract runs until ...*

29. denken: to think
denkt, dachte, hat gedacht

1.

an jdn./etw. denken: to think about/of sb./sth.

Ich **denke an dich**.
Ich **denke oft an meine Schulzeit**.
Seit unserer Trennung **denke** ich **oft an sie**.
Wenn ich **an meine Kindheit denke**, vermisse ich die Zeit sehr.
Ich werde emotional, wenn ich **an meine verstorbene Mutter denke**.
Sobald ich mein altes Fotoalbum anschaue, muss ich **an meine Jugend denken**.

die Schulzeit -en: schooltime
die Trennung -en: separation, break-up
an die Kindheit denken: to think of childhood
vermissen: to miss
verstorben: deceased
sobald: as soon as, when
das Fotoalbum anschauen: to look at the photo album
die Jugend: youth

2.

Erwarte nicht, dass ich immer **an alles denke**!
Ich versuche, **an etwas anderes** zu **denken**.
Du **denkst** doch bloß **an dich**!
Du hilfst mir nie beim Haushalt. Du **denkst** doch nur **an dich**!
Du musst mit dem Rauchen aufhören. **Denk an deine Gesundheit**.

erwarten: to expect
an sich(A) denken: to think of oneself
jdm. beim Haushalt helfen: to help sb. with the household chores
mit dem Rauchen aufhören: to stop smoking
die Gesundheit: health

3.

Denk bitte **daran**, die Dokumente abzuschicken.
Denk bitte **daran**, bis nächste Woche die Stromrechnung zu bezahlen.
Ich denke daran, mir ein neues Auto zu kaufen
Ich denke daran, dass wir eine glückliche Ehe führen werden.

daran denken, etw. zu tun: to think of doing sth.
denk bitte daran, etw. zu tun : please remember (make sure) to do sth.
Ich denke daran, dass ... : I think that ...
die Dokumente abschicken: to send the documents
die Stromrechnung -en: electricity bill
eine glückliche Ehe führen: to have a happy marriage

4.

von jdm./etw. denken:
to believe, to mean
to have an opinion about sb./sth.

Es ist mir egal, was andere **von mir denken**.
Was **denkst** du **von meiner Freundin**? Gefällt sie dir?
Was **denkst** du **von einem Mann, der** sehr romantisch ist?

5.

über jdn./etw. denken:
to think of sb./etw.
to have an opinion about sb./sth.

Was **denkst** du **über den neuen Nachbarn**?
Du solltest positiv **über deine Zukunft denken**.
Ich möchte nicht, dass du **schlecht über mich denkst**.
Ich **denke** immer **Gutes über die Leute**, die um mich herum sind.
Ich will ihr morgen einen Heiratsantrag machen. Wie **denkst du darüber**?

der Nachbar -n: neighbor
positiv über die Zukunft denken: to think positive about the future
schlecht über jdn. denken: to think badly of sb.
um mich herum: around me
jdm. einen Heiratsantrag machen: to propose to sb., to make a marriage proposal to sb.

6.

etw. denken: to suppose, to guess

Weißt du, ob der Film schon läuft? - **Ich denke schon.**
Denkst du gerade **auch, was ich denke**?
Er ist nicht so dumm, **wie du denkst.**
Denkst du, dass sie recht hat?
Es sollte dir egal sein, **was die Leute denken**.

Er ist nicht so dumm, wie du denkst. : He's not as stupid as you think.
recht haben: to be right
Es sollte dir egal sein. : You shouldn't care.

7.

Ich hätte nicht gedacht, dass du so gut Klavier spielen kannst.
Ich hätte nie gedacht, dass mir so etwas passieren könnte.
Ich dachte, du würdest auf mich warten.
Ich dachte, ihr seid noch zusammen. - Nein, wir haben uns letzten Monat getrennt.
Mach das Licht bitte wieder an. - Entschuldigung, **ich dachte**, es war niemand im Zimmer.

Ich hätte nicht gedacht, dass ...: I wouldn't have thought, that... / I never thought, that...
passieren: to happen
sich(A) trennen: to break up, to separate
das Licht anmachen: to turn on the light

8.

sich(D) denken: to imagine, to expect

Genau das habe ich **mir** auch **gedacht**.
Ich kann mir denken, wie schwer die Trennung für dich war.
Wieso hast du nichts zum Trinken mitgebracht? **Du kannst dir** doch **denken, dass** du nach dem Sport durstig sein wirst.
Während des Sportunterrichts wurden meine Ohrringe geklaut. Aber **ich kann es mir denken**, wer es war.

Genau das habe ich mir auch gedacht. :That is excactly what I thought.
Ich kann mir denken, wie...: I can imagine how ...
durstig: thirsty
während: while, during
der Ohrring -e: earring
klauen: to steal

30. glauben: to believe
glaubt, glaubte, hat geglaubt

1.

jdm. glauben: to believe sb.

Ich **glaube dir**. / Ich **glaube dir nicht**.
Ich bin dir ehrlich. Bitte **glaube mir**!
Wir packen das schon, **glaub mir**!
Du hast mich angelogen. Ich **glaube dir kein Wort** mehr.
Keiner hatte **ihm geglaubt**, als er sagte, dass er eines Tages ein Weltmeister sein wird.

ehrlich: honest
Wir packen das schon, glaub mir! : We'll do it, believe me!
jdn. anlügen: to lie to sb.
Ich glaube dir kein Wort mehr. : I don't believe you anymore.
Keiner hatte ihm geglaubt. : Nobody believed him.
der Weltmeister -: world champion

2.

an jdn./etw. glauben: to believe in sb./sth.

Glaubst du **an Geister**?
Seit meiner Kindheit **glaube** ich **an Gott**.
Ich **glaube an das Leben nach dem Tod**.
Glaubst du **an die Liebe auf den ersten Blick**?
Ich **glaube** nicht **an Wunder**. Ich **glaube an harte Arbeit**.
Ich **glaube an dich**. Du schaffst das.
Ich **glaube** nicht **daran**, dass man nur einmal liebt.

an Geister glauben: to believe in ghosts
an Gott glauben: to believe in God
an das Leben nach dem Tod glauben: to believe in life after death
an die Liebe auf den ersten Blick glauben: to believe in love at first sight
an Wunder glauben: to believe in miracles
an harte Arbeit glauben: to believe in hard work
Ich glaube an dich. : I believe in you.
Du schaffst das. : You can do it.
Ich glaube nicht daran, dass ... : I don't believe that ...

3.

Ich glaube, dass er mich betrügt.
Glaubst du, er würde mir verzeihen?
Ich glaube nicht, dass wir das allein erledigen können.
Morgen fange ich mit der Diät an. - **Das glaubst du doch selbst nicht.**
Ich habe das alles für dich getan, **ob du es glaubst oder nicht.**
Ich kann es einfach nicht glauben, wie groß du schon geworden bist!
Es ist nicht zu glauben, wie stark die Immobilienpreise gestiegen sind.

Ich glaube, dass ... : I believe that ...
jdn. betrügen: to cheat sb.
jdm. verzeihen: to forgive sb.
erledigen: to do, to manage, to finish
mit der Diät anfangen: to start the diet
Das glaubst du doch selbst nicht. : You don't believe it yourself.

31. meinen: to mean, to think, to say, to intend
meint, meinte, hat gemeint

1.

Was meinst du zu diesem Thema?
Meinst du, sie hat recht?
Meinst du nicht, dass mir der Pullover zu groß ist?
Meinst du, ich habe etwas zugenommen?
Ich habe mir das Kleid heute gekauft. **Was meinst du?** Steht es mir?
Sollen wir heute Abend einen Film angucken? - **Wenn du meinst!**

Was meinst du zu diesem Thema?: What do you think about topic?
zunehmen: to gain weight

2.

Nein, nicht sie. **Ich meine die Dame** mit dem weißen Kleid.
Schau mal, wie schön die Tasche ist. - Welche? - **Ich meine die Tasche** da links.
Ich möchte gerne das Hemd dort drüben anprobieren. - **Welches Hemd meinen** Sie?

das Hemd -en: shirt
anprobieren: to try on
Welches Hemd meinen Sie?: Which shirt do you mean?

3.

Das **meinst** du doch nicht **ernst**, oder?
Ich meine es ernst.
Wirklich? **Meinst du** das **im Ernst**?
Ich meine es **im Ernst**.
Das war doch nur **ironisch gemeint**. Nimm es nicht so ernst.
Bitte versteh mich nicht falsch. Ich habe es nicht **böse gemeint**.

es ernst meinen: to be serious
***Ich meine es ernst.** : I'm serious about it.*
***Meinst du das im Ernst?**: Are you serious about that?*
ironisch gemeint: meant ironically
***Nimm es nicht so ernst.** : Don't take it too seriously.*
***Ich habe es nicht böse gemeint.** : I didn't mean it badly.*

4.

Verstehst du, was ich meine?
Was hat sie **damit gemeint**?
Können Sie mir sagen, was Sie **damit meinen**?
Ich meine, du solltest dich gesünder ernähren.
Das habe ich nicht gemeint.
Nein Lisa, du warst **nicht gemeint**.
So war das eigentlich **nicht gemeint**.

***Verstehst du, was ich meine?**: Do you understand what I mean?*
damit meinen: to mean by that
sich(A) gesünder ernähren: to eat healthier
***Das habe ich nicht gemeint.** : I didn't mean that.*
***Du warst nicht gemeint.** : You weren't meant.*

32. finden: to find, to think
findet, fand, hat gefunden

1.

Hast du **deine Brille gefunden**?
Wo ist mein Autoschlüssel? Ich **finde ihn nirgends**.
Ich habe im Keller **mein altes Tagebuch gefunden**.
Hast du endlich **eine Arbeit gefunden**?
In meiner neuen Umgebung habe ich **nette Freunde gefunden**.
Eine neue Wohnung zu **finden**, ist schwer.

die Brille -n: glasses
der Autoschlüssel -: car key
nirgends: nowhere
im Keller: in the basement
mein altes Tagebuch: my old diary
eine Arbeit finden: to find a job
die Umgebung -en: environment, surroundings
eine neue Wohnung finden: to find a new apartment/flat

2.

Wie findest du das?
Ich finde es gut / nicht gut / schön / toll / hässlich.
So etwas finde ich klasse / nicht gut / traurig / schlimm.
Ich finde es eine gute Idee.
Wie findest du meine neue Freundin? - **Ich finde**, sie ist sehr nett.
Ich finde den Film langweilig.- So, findest du?
Ich finde das überhaupt nicht lustig!
Ich finde, du solltest mit dem Rauchen aufhören.
Ich würde es toll **finden, wenn** du mal für mich kochen würdest.

Wie findest du das?: What do you think of that?
Ich finde es toll / hässlich / traurig / schlimm. : I think it is great / ugly / sad / bad.
Ich finde es eine gute Idee. : I think it's a good idea.
langweilig: boring
überhaupt nicht lustig: not funny at all
mit dem Rauchen aufhören: to stop smoking
würden: would
kochen: to cook

3.

Ich **finde die Lösung dieser Aufgabe** nicht.
Ich habe im Text **viele Fehler gefunden** und habe sie korrigiert.
Ohne Navigation könnte ich dein Haus sehr **schlecht finden**.
Er **fand** noch **einen freien Sitzplatz**, obwohl er zu spät kam.
Die Polizei hat die Wohnung durchsucht, aber hat **keine Spur gefunden**.

die Lösung dieser Aufgabe: the solution of this problem
im Text viele Fehler finden: to find many mistakes in the text
korrigieren: to correct
einen freien Sitzplatz finden: to find a free seat
zu spät kommen: to come too late
die Wohnung durchsuchen: to search the apartment
keine Spur finden: to find no trace

4.

Der heutige Regen **findet kein Ende**!
Es tut mir leid, dass ich **keine Gelegenheit fand**, dich anzurufen.
Sie fragte mich heute, ob ich sie liebe. Ich **fand kein Wort zu sagen**.
Anna ist sehr optimistisch. Sie **findet Freude an** kleinen und einfachen Dingen.
Als ich zu Hause ankam, **fand ich die Wohnungstür offen**. Jemand war in die Wohnung eingebrochen.

der heutige Regen: today's rain
ein Ende finden: to come to the end
eine Gelegenheit finden: to get an opportunity
anrufen: to call
Ich fand kein Wort zu sagen. : I couldn't find a word to say.
an etw.(D) Freude finden: to take delight in sth.
als ich zu Hause ankam: when I arrived at home
in die Wohnung einbrechen: to break into the apartment

5.

sich finden: to be found, to find oneself

Keine Sorge. Das wird **sich** schon alles **finden**.
Sie brauchte etwas Zeit, **sich wieder** zu **finden**.
Ich hoffe, dass **sich** der Schlüssel **wieder finden** wird.
Es wird sich schon eine Lösung **finden**.
Es wird sich bestimmt jemand **finden**, der Ihnen weiterhelfen kann.

keine Sorge: don't worry
das wird sich alles finden: everything will be all right
Sie brauchte etwas Zeit, sich wieder zu finden. : It took her some time to find herself again.
die Lösung -en: solution

33. suchen: to search, to look for, to seek
sucht, suchte, hat gesucht

1.

Was suchst du?
Ich **suche meinen Schlüssel**.
Ich **suche Batterien für** meine Uhr.
Wo warst du? Ich habe **dich überall gesucht**!
Ich **suche ein Mittel gegen** meine Kopfschmerzen. Was können Sie mir empfehlen?

die Batterie -n: battery
Ich habe dich überall gesucht! : I looked for you everywhere!
das Mittel -: medicine, drug, remedy
empfehlen: to recommend

2.

Wir haben vor, **eine neue Wohnung** zu **suchen**.
Ich bin seit einem Jahr arbeitslos und **suche** immer noch **einen Job**.
Ich **suche ein Geschäft**, wo ich ein Geschenk für meine Freundin kaufen kann.
Wenn auf der Arbeitsstelle ein Problem besteht, müssen wir gemeinsam **eine Lösung suchen**.

vorhaben, etw. zu tun: to intend/plan to do sth.
seit einem Jahr arbeitslos sein : to be unemployed for a year
immer noch: still
einen Job suchen: to look for a job
das Geschäft -e: shop, store; business
das Geschenk -e: gift, present
die Arbeitsstelle -n: job, place of work
bestehen: to consist, to be
gemeinsam: together

3.

nach etw.(D) suchen: to search for sth., to look for sth.

Suchen Sie **nach etwas Bestimmten**?
Wonach suchst du? - Ich suche **nach meinem Stift**.
Mein Sohn **sucht nach einem Arbeitsplatz als Apotheker**.
Warte nicht bis das Glück dich findet. **Suche** selbst **nach deinem Glück**.
Er **suchte nach den Gründen seiner Erfolglosigkeit**.
Ich suche **nach einem Grund**, dir zu verzeihen, aber ich finde keinen.

nach etwas Bestimmten suchen: to look for sth. specific
Wonach suchst du?: What are you searching for?
nach meinem Stift suchen: to look for my pen
nach einem Arbeitsplatz als Apotheker suchen: to look for a job as a pharmacist
das Glück: luck, fortune, happiness
nach den Gründen der Erfolglosigkeit suchen: to look for the reasons of failure
nach einem Grund suchen: to look for a reason

4.

Kann ich euch **beim Suchen** behilflich sein?
In letzter Zeit **sind** Altenpfleger sehr **gesucht**.
Wieso bist du gekommen? **Du hast hier nichts zu suchen**!

behilflich sein: to be helpful
in letzter Zeit: recently, lately
gesucht sein: to be in demand
Du hast hier nichts zu suchen! : You have no business here!

34. bleiben: to stay, to stay away, to remain
bleibt, blieb, ist geblieben

1.

Lass uns heute Abend **bei mir bleiben**.
Ich möchte noch eine Weile **bei dir bleiben**.
Ich würde lieber **zu Hause bleiben**, statt bei dieser Kälte rauszugehen.
Das Wetter ist sehr schön. Lass uns eine Runde spazieren gehen.
- Ich habe keine Lust, ich **bleibe** lieber **zu Hause**.
An der Eingangstür des Supermarkts war ein Hinweisschild mit dem Aufdruck "Hunde müssen **draußen bleiben**".

bei jdm. bleiben: to stay with sb.
eine Weile: for a while
zu Hause bleiben: to stay at home
statt: instead of
rausgehen: to go out
an der Eingangstür des Supermarkts: at the front door of the supermarket
das Hinweisschild -er: information sign
der Aufdruck -e: imprint, overprint
draußen bleiben: to stay outside

2.

Aber versprich mir erst, dass das **unter uns bleibt**!
Es gibt viele schöne Gründe **am Leben** zu **bleiben**.
Als sie zu Besuch waren, bat sie ihr Kind **vernünftig** zu **bleiben**.
Nichts ist so wie früher geblieben.

jdm. etw. versprechen: to promise sb. sth.
etw. unter uns bleiben: to remain/stay between us, to keep sth. between us
der Grund -"e: reason
am Leben bleiben: to stay alive
bitten: to ask, to request
vernünftig bleiben: to stay sensible/sane
Nichts ist so wie früher geblieben. : ~Nothing is so remained as before.

3.

Ich treibe täglich Sport, um **fit** zu **bleiben**.
Ihr Girokonto ist und **bleibt kostenlos**.
Solange du **ruhig bleibst**, darfst du heute Eis essen.
Wir haben uns leider getrennt, aber wir sind **Freunde geblieben**.
Wie kommt es, dass du immer **gesund bleibst**? - Ich achte auf meine Ernährung.
Ich stellte dem Professor eine Frage, jedoch **blieb** sie **unbeantwortet**.
In der Stadt, in der ich aufgewachsen bin, ist alles **beim Alten geblieben**.

täglich Sport treiben: to do sports every day
fit bleiben: to stay fit
das Girokonto - die Girokonten: checking account
Etwas ist und bleibt kostenlos. : Sth. is and always will be free.
solange du ruhig bleibst: as long as you stay calm
sich(A) trennen: to break up, to separate
Freunde bleiben: to stay friends
Wie kommt es, dass ...? : How is it that ...?
gesund bleiben: to stay healthy
auf die Ernährung achten: to pay attention to the diet
jdm. eine Frage stellen: to ask sb. a question
jedoch: however
Etwas bleibt unbeantwortet. : Sth. remains unanswered.
aufwachsen: to grow up
Alles ist beim Alten geblieben. :
~Everything has stayed the same. (Nothing changed.)

4.

Bleib stehen oder ich schieße.
Das Computersystem ist **hängen geblieben**.
Ich bin leider im Stau **stecken geblieben**.
Das Auto ist auf dem Parkplatz **stehen geblieben**.
Bitte **bleiben** Sie bis zum Ende des Unterrichts **sitzen**.
Geh du ins Bett. Ich möchte lieber auf der Couch **liegen bleiben**.
Mein Buch ist im Klassenzimmer auf dem Tisch **liegen geblieben**.

stehen bleiben: to stop, halt!
schießen: to shoot
hängen bleiben: to hang
im Stau stecken: to stuck in traffic
sitzen bleiben: to remain seated
bis zum Ende des Unterrichts: until the end of the lesson
liegen bleiben: to stay lying down

5.

es bleibt ... zu ...

Es bleibt (jdm.) -
- **nichts anderes zu tun als ...**: There is nothing left to do but ...
- **nichts anderes übrig als...** : There is nothing left but to ...
- **keine andere Wahl als ...** : There is no choice but ...

Es bleibt abzuwarten, was nun kommt.
Es bleibt nichts anderes zu tun als abzuwarten.
Es bleibt zu hoffen, dass er auf die Therapie anspricht.
Ob ich die Prüfung für die Einbürgerung bestanden habe, **bleibt abzuwarten**.
Der Tumor musste entfernt werden. **Es blieb nichts anderes übrig**.
Mein Auto ist kaputt. **Es bleibt mir nichts anderes übrig, als** mit der Bahn zu fahren.
Trotz meiner Ermahnung verspätet sich mein Sohn jeden Abend. **Es bleibt mir keine andere Wahl**, als ihm Hausarrest zu geben.

Es bleibt abzuwarten, dass ...: ~ It remains to be seen that ...
Es bleibt zu hoffen, dass ...: ~We can only hope, that ...
auf etwas ansprechen: to respond to sth.
die Einbürgerung -en: naturalization
entfernen: to remove
trotz: despite
die Ermahnung -en: warning, admonition, exhortation

6.

bei etw.(D) bleiben: to stick to, to not change sth., to not give up

Er **bleibt bei seiner Meinung**.
Lass uns **bei der Sache bleiben**.
Ich **bleibe bei meiner Meinung**. Ob es dir gefällt oder nicht.
Wird die heutige Teambesprechung gestrichen? - Nein, **es bleibt dabei**.
Ich habe versucht, sie zu überreden, doch sie ist **bei ihrer Entscheidung geblieben**.

die Meinung -en: opinion
die Sache -n: matter, thing, case
Ob es dir gefällt oder nicht. : Whether you like it or not.
die Teambesprechung -en: team meeting
streichen: ~to cancel
jdn. überreden: to persuade sb.
die Entscheidung -en: decision

35. stehen: to stand, to be, to suit sb.
steht, stand, hat gestanden

1.

Die Vase **steht auf dem Tisch**.
Das Buch **steht im Regal**.
Die Torte **steht** seit zwei Tagen **im Kühlschrank**.
Kannst du mir zeigen, **wo dein Auto steht**?
Mein Auto **steht auf dem Parkplatz**.
Sie **stand an der Tür** und klopfte laut an.
Das Bett in meinem Zimmer **steht an der Wand**.
Meine Freundin **stand am Fenster** und winkte mir zu.
Ich **stehe vor dem Schaufenster** und schaue mir die neue Schuhkollektion an.

auf dem Tisch stehen: to be on the table
im Regal stehen: to be on the shelf
die Torte -n: cake
im Kühlschrank stehen: to be in the fridge
auf dem Parkplatz stehen: to stand in the parking lot
in der Tiefgarage stehen: to be/stand in the underground garage
an der Tür stehen: to be / stand at the door
anklopfen: to knock on/at
am Fenster stehen: to be / stand at the window
jdm. zuwinken: to wave to sb., to beckon to sb.
vor dem Schaufenster stehen: to stand in front of the shop window
sich(D) etw. anschauen: to look at sth., to take a (closer) look at sth.

2.

Im Garten meiner Oma **stehen** viele Obstbäume.
Hast du schon gelesen, was **in der Zeitung steht**?
Der Vorfall von gestern Abend **steht** heute **in den Zeitungen**.
Können Sie bitte nachgucken, ob mein Name **auf der Liste steht**?
Die Lösungen zu den Fragen **stehen auf der letzten Seite des Buches**.
Wirf deinen Müll nicht auf die Straße. Es **steht** doch **an jeder Ecke** ein Mülleimer.

der Obstbaum -"e: fruit tree
der Vorfall -"e: incident
in der Zeitung stehen: to be in the newspaper
(in etw.(D)) nachgucken: to take a look (in sth.), to check
auf der Liste stehen: to be on the list
die Lösung -en: solution
auf der letzten Seite des Buches stehen: to be on the last page of the book

3.

Du **stehst mir im Weg**!
Ich **stand** mit dem Auto **im Stau**.
Du darfst weiterfahren, wenn die Ampel **auf Grün steht**.
Sie **stand auf den Zehenspitzen** und ging leise die Treppe herunter.
Heute habe ich den ganzen Tag **auf den Beinen gestanden**.
Nach dem langen Spaziergang konnte sie nicht mehr **auf den Beinen stehen**.

jdm. im Weg stehen: to stand in sb.'s way
im Stau stehen: to be stuck in a traffic jam
wenn die Ampel auf Grün steht: when the traffic light is green
auf den Zehenspitzen stehen: to stand on tiptoe
die Zehenspitze -n: tiptoe
die Treppe heruntergehen: to go down the stairs
auf den Beinen stehen: to be/stand on one's feet
das Bein -e: leg

4.

Steht das Fenster **offen** oder ist es gekippt?
Nachts lässt meine Tochter ihre Zimmertür **offen stehen**.
Mit seiner abgeschlossenen Ausbildung **stehen** ihm alle Türen **offen**.
Um Rückenprobleme zu vermeiden, solltest du **gerade stehen**.
Kennst du den berühmten Turm von Pisa? - Meinst du den Turm, der **schief steht**?
Der Arzt teilte uns mit, dass es **um den Patienten schlecht steht**.

offen stehen: to be open
gekippt: tilted
abgeschlossen: completed
die Ausbildung -en: apprenticeship, education
jdm. alle Türen offen stehen: ~ all doors are open to sb.
um Rückenprobleme zu vermeiden: to avoid back problems
gerade stehen: to stand straight
berühmt: famous
der Turm -"e: tower
schief: crooked, not straight
mitteilen: to tell/inform
um jdn./etw. steht es schlecht: things look bad for sb./sth.
Es steht um den Patienten schlecht. : The patient was in bad shape.

5.

Hey, lange nicht gesehen. Wie geht´s? **Wie steht´s**?
Ich habe das Auto **in der Raststätte zum Stehen gebracht**.
Der Polizist musste letzte Nacht stundenlang **Wache stehen**.
Bei Bedarf für Fragen **stehe** ich Ihnen gerne **zur Verfügung**.
Hier **steht geschrieben**, was wir zum ersten Schultag benötigen.
Da alle Tische besetzt waren, mussten wir **im Stehen essen**.
Die Schüler **warteten im Stehen** auf die verspätete Bahn.
Vor der Therapie **stand** sie jahrelang **unter Drogen**.
Der Schüler **steht unter Verdacht**, während der Pause im Klassenraum etwas gestohlen zu haben.

Wie steht´s?: What's up?
Wie steht's mit ...?: How/What about ...?
etw. zum Stehen bringen: to bring sth. to a stop
Wache stehen: to stand on guard
bei Bedarf: if necessary
jdm. zur Verfügung stehen: to be available to sb.
hier steht geschrieben: here is written
benötigen: to require, to need
da: because, since, as
besetzt: occupied, taken
im Stehen essen: to eat standing up
im Stehen warten: to wait standing up
unter Drogen stehen: to be under the influence drugs
jahrelang: for years
unter Verdacht stehen: to be under suspicion
stehlen: to steal

6.

Ich **stehe total auf diese Schauspielerin**!
Die schwarze Jacke **steht dir gut**!
Ich würde mich für den blauen Anzug entscheiden. Er **steht dir sehr gut**.

Das Fußballspiel **steht 2:1**.
Das Fußballspiel **steht unentschieden**.
Das Fußballspiel endet in 5 Minuten und es **steht** immer noch **unentschieden**.

auf jdn. stehen: ~ to find sb. attractive
jdm. gut stehen: to suit sb. well
die schwarze Jacke: the black jacket
sich(A) für etw. entscheiden: to decide in favour of sth.
der blaue Anzug: the blue suit
unentschieden: drawn, tied; undecided

7.

auf etw. stehen: ~to be punished with sth.
bei jdm. stehen: to depend on sb.
für etw. stehen: to stand for, to represent

Auf Diebstahl steht bis zu fünf Jahren Gefängnis oder Geldstrafe.
In einigen Ländern **steht auf Vergewaltigung** die Todesstrafe.
Wir können zu Fuß gehen oder mit dem Taxi fahren. **Es steht bei dir**.
Die Farben der deutschen Flagge **stehen für Einigkeit, Freiheit und Demokratie**.

das Gefängnis -se: prison, jail
die Geldstrafe -n: fine, money fine
die Vergewaltigung -en: rape
die Todesstrafe -n: death penalty
zu Fuß gehen: to walk

die Flagge -n: flag
die Einigkeit: unity
die Freiheit: freedom
die Demokratie -n: democracy

8.

zu jdm. stehen: to stand by sb., to assist sb., to support sb.
hinter jdm. stehen: to stand behind sb., to support sb.

Ich werde immer **zu dir stehen**.
Egal welche Entscheidungen du auch triffst, ich **stehe immer zu dir**.
Wir, als deine Eltern, werden **immer hinter dir stehen**.
In schlechten Zeiten **stand** er **nie hinter mir**. Das werde ich ihm niemals verzeihen.

eine Entscheidung treffen: to make a decision
in schlechten Zeiten: in bad times
jdm. verzeihen: to forgive sb.

9.

zu seinem Wort stehen: to keep one's word
zu seinem Versprechen stehen: to keep one's promise

Wird er wohl **zu seinem Wort stehen**?
Wenn du willst, dass ich dir vertraue, solltest du **zu deinem Versprechen stehen**.
Wenn du Vertrauen gewinnen möchtest, musst du immer **zu deinem Versprechen stehen**.
Ich werde dein Geld morgen zurückzahlen. Du weißt, ich **stehe immer zu meinem Wort**.

vertrauen: to trust
Vertrauen gewinnen: to gain trust
Geld zurückzahlen: to repay money

10.

zu jdm./etw. irgendwie stehen: to have a certain attitude
Wie stehst du zur/zum ...?: What do you think about / of ...?
What's your angle on ...?

Wie **stehst** du **zur Todesstrafe**?
Wie **stehst** du **zum Thema "Sterben"**?
Wie **stehst** du **zu meiner Entscheidung**?
Wie **stehst** du **zur Religion** und **zum Glauben**? Bist du gläubig?
Wie **stehst** du **zur Liebe**? Warst du schon einmal verliebt?
Wie **stehst** du **zu deiner Familie**? Triffst du deine Entscheidungen selbst oder fragst du deine Familie?

die Todesstrafe -n: death penalty
sterben: to die
die Entscheidung -en: decision
die Religion -en: religion
glauben: to believe
Bist du gläubig?: Are you religious?
Warst du schon einmal verliebt?: Have you ever been in love?
Entscheidungen selbst treffen: to make own decisions

11.

Es steht zu hoffen, dass sie die Prüfung besteht.
Es steht zu befürchten, dass er die Abschlussprüfung nicht besteht.
Es steht zu fürchten, dass sein Aufenthalt nicht verlängert wird.

Es steht zu hoffen, dass ... : It is to be hoped that ...
Es steht zu befürchten, dass ... : It is to be feared that ...
Es steht zu fürchten, dass ... : It is to be feared that ...
eine Prüfung bestehen: to pass an exam
die Abschlussprüfung -en: final exam
Aufenthalt verlängern: to extend stay

36. aufstehen: to stand up, to get up
steht auf, stand auf, ist aufgestanden

1.

Ich bin es nicht gewohnt, **früh aufzustehen**.
Sie muss **morgen früh um 7 Uhr aufstehen**.
Jeden Morgen **stehe** ich **mühsam aus dem Bett auf**.
Heute Morgen bin ich **spät aufgestanden**, weil ich schlecht geschlafen habe.
Bist du **mit dem linken Bein** zuerst **aufgestanden**? Oder warum bist du so nervig heute?

es gewohnt sein, etw. zu tun: to be used to doing sth.
früh aufstehen: to get up early
mühsam: laboriously
spät aufstehen: to get up late
mit dem linken Bein aufstehen: ~ to get up on the wrong side
nervig: annoying

2.

Du kannst **vom Tisch** erst dann **aufstehen**, wenn du deinen Teller leer gegessen hast.
Ich glaube, er ist heute schlecht gelaunt. Er **stand vom Essen auf**, ohne ein Wort zu sagen.
Meine Tochter versucht ihre ersten Schritte zu machen. Sie fällt immer wieder hin und **steht wieder auf**.

Du kannst durch die Gartentür kommen. **Sie steht auf**.
Das Fenster **steht** noch **auf**. Ich habe es vergessen zu schließen, bevor ich das Haus verlassen habe.

vom Tisch aufstehen: to get up from the table
den Teller leer essen: to finish one's meal
schlecht gelaunt: in a bad mood
erste Schritte: first steps
hinfallen: to fall down
eine Tür / ein Fenster steht auf: a door / window is open
schließen: to close
das Haus verlassen: to leave the house

37. liegen: to lie, to be
liegt, lag, hat gelegen

1.

Ich **liege** schon die ganze Nacht schlaflos **im Bett**.
Das Buch, was du gerade suchst, **liegt auf dem Tisch**.
Ich möchte meine alten Möbel, die **im Keller liegen**, verkaufen.
Vergiss nicht, ein Handtuch mitzunehmen. Es **liegt im Schrank**.
Ich bin so müde heute. Ich wünschte, ich könnte den ganzen Tag **auf dem Sofa liegen**.
Kannst du bitte in deinem Zimmer staubsaugen? Ich habe Krümelchen **auf dem Boden liegen** sehen.

im Bett liegen: to lie in bed
die ganze Nacht: all night
schlaflos: sleepless
auf dem Tisch liegen: to be on the table
im Keller liegen: to be in the basement
das Handtuch -"er: towel
im Schrank liegen: to be in the closet
müde: tired
Ich wünschte, ich könnte ... : I wish I could ...
auf dem Sofa liegen: to lie on the sofa
in einem Zimmer staubsaugen: to vacuum in a room
der Krümel -: crumb(s)
das Krümelchen -: crumb(s)
auf dem Boden liegen: to lie on the floor / to be on the floor

2.

Ich **liege** gemütlich **im Sand** und sonne mich.
Bis zum Abendessen werde ich **am Strand liegen**.
Ich **lag** im Urlaub jeden Tag entspannt **am Strand**.
Ich will etwas schwimmen und dann **in der Sonne liegen**.
Ich bekam einen Sonnenbrand, weil ich zu lange **in der Sonne lag**.
Es war so heiß am Strand, dass wir **im Schatten gelegen** haben.

im Sand liegen: to lie in the sand
gemütlich: comfortably, cozy
sich(A) sonnen: to sunbathe
am Strand liegen: to lie on the beach
entspannt: relaxed
der Sonnenbrand -"e: sunburn
in der Sonne liegen: to lie in the sun, to sunbathe
heiß: hot
im Schatten liegen: to lie in the shade

3.

Mir liegt das Grillen von gestern so schwer **im Magen**.
Schade, dass über den ganzen Winter **kein Schnee lag**.
Der Baum ist durch den Sturm umgestürzt und **liegt auf dem Weg**.
Der nächste Bankautomat **liegt auf dem Weg zum Parkplatz**.
Ich finde meine Schlüssel nicht. - Du hast sie wahrscheinlich **auf dem Tisch liegen lassen**.
Ich habe meine Jacke **in der Umkleidekabine liegen lassen**. Ich bin so vergesslich!

im Magen: in the stomach
jdm. im Magen liegen: ~ difficult to digest
der Schnee: snow
umstürzen: to fall, to overturn
durch den Sturm umgestürzt sein: to be overturned by the storm
auf dem Weg liegen: to lie on the way
wahrscheinlich. probably
etw. auf dem Tisch liegen lassen: to leave (forget) sth. on the table
in der Umkleidekabine liegen lassen: to leave in the changing room
vergesslich: forgetful

4.

Kannst du mir auf der Karte zeigen, **wo München liegt**?
München liegt im Süden von Deutschland
München liegt in Süddeutschland.
Die Route dieser Schiffsreise **liegt auf der Elbe**.

jdm. etwas zeigen: to show sb. sth.
München liegt im Süden von Deutschland. : Munich is in the south of Germany.
im Süden / Norden / Westen / Osten liegen: to be in the south / north / west / east
die Schiffsreise -n: cruise, boat trip
die Elbe: a Central European river

5.

Der Balkon **liegt zum Garten**.
Das Hotelzimmer, was ich gebucht habe, **liegt nach Süden**.
Das Schlafzimmer **liegt zur Straße**. Manchmal können wir wegen des Lärms nicht schlafen.

zum Garten liegen: to face the garden
nach Süden liegen: to face south
zur Straße liegen: to face the street(road)
wegen des Lärms: because of the noise

6.

Die Wünsche meiner Kinder **liegen an erster Stelle**.
Ich hoffe, dass unsere Mannschaft **auf dem ersten Platz liegen** wird.
Wenn wir weiterhin so gut spielen, werden wir **an der Spitze liegen**.

die Wünsche meiner Kinder: my children's wishes
an erster / zweiter Stelle liegen: to be in first / second place
Ich hoffe, dass unsere Mannschaft ... : I hope that our team ...
auf dem ersten Platz liegen: to be in first place
weiterhin so gut spielen: to continue to play so well:
an der Spitze liegen: to be on top

7.

Die Temperatur **liegt bei 25 Grad**.
Nächste Woche sollen die Temperaturen laut Wetterbericht **bei 35 Grad liegen**.
Die Preise in diesem Laden **liegen zwischen 50-80 Euro**.

Die Temperatur liegt bei 25 Grad. : The temperature is 25 degrees.
laut Wetterbericht: according to the weather forecast
die Preise in diesem Laden: the prices in this store
zwischen ... und ... liegen: to cost between ... and ...

8.

Mein Baby findet es angenehm **auf dem Bauch** zu **liegen**.
Während ich schlafe, **liege** ich **auf der Seite**. Diese Position finde ich am angenehmsten.
In meiner Schwangerschaft **lag** ich öfters **auf dem Rücken**, um mich zu entspannen.

angenehm: comfortable
auf dem Bauch liegen: to lie on one's stomach, to lie prone
auf der Seite liegen: to lie on the side
die Schwangerschaft -en: pregnancy
auf dem Rücken liegen: to lie on one's back
sich(A) entspannen: to relax

9.

an jdm./etw. liegen: to depend on sb., to be caused by sb./sth.
bei jdm. liegen: to be up to sb., to be due to sb.

Der Erfolg **liegt an unserer Zusammenarbeit**.
Woran liegt es, dass manche Tierarten aussterben?
Der Arzt konnte mir nicht sagen, **woran** die Schmerzen **liegen**.
Es liegt uns viel **daran, dass** unsere Kunden sich wohlfühlen.
Die Verantwortung **liegt bei Ihnen**.
Die Schuld **liegt einzig und allein bei dir!**
Die Entscheidung **liegt bei der Ausländerbehörde**.

die Zusammenarbeit: cooperation
manche Tierarten: some animal species
aussterben: to become extinct
sich(A) wohlfühlen: to feel comfortable
die Verantwortung -en: responsibility
die Schuld: blame, fault
einzig und allein: solely
die Entscheidung -en: decision
die Ausländerbehörde -n: foreigners' registration office

10.

Nach der Karnevalsfeier **lagen** die Straßen **voller Müll und Flaschen**.
Der Strand **liegt voller Steine**, die in unterschiedlicher Größe und Farbe sind.
Es lag nicht in meiner Absicht zu stören.
Es lag nicht in meiner Absicht, dich zu verletzen
Es lag nicht in meiner Absicht, dein Herz zu brechen.
Dieser Beruf **liegt** nicht **in meinem Interesse**.
In letzter Zeit **liegt** das Land nicht **im Interesse der Touristen**.

die Karnevalsfeier -n: carnival celebration
voll von etw. liegen: to be full of sth., to be covered with sth.
voller Müll und Flaschen: full of garbage and bottles
voller Steine: full of stones
Es lag nicht in meiner Absicht, etw. zu tun ... : It was not my intention to ...
stören: to disturb
jdn. verletzen: to hurt sb.
jds. Herz brechen: to break sb.'s heart
in jds. Interesse liegen: to be in sb.'s interest

38. stellen: to put, to place, to set
stellt, stellte, hat gestellt

1.

etw. irgendwohin stellen: to put sth. somewhere

Kannst du bitte die Bücher **ins Regal stellen**?
Stell das bitte wieder zurück **in den Schrank**.
Hast du das Getränk **in den Kühlschrank gestellt**?
Wo ist dein Fahrrad? - Ich habe es **vor die Garage gestellt**.
Du kannst die Vase mit den Blumen **auf den Tisch stellen**.
Danke für die wundervollen Blumen. Ich **stell** sie sofort **in eine Vase**.
Stell den Tisch doch **an die Wand**. Dann haben die Kinder mehr Freiraum im Zimmer.

die Bücher ins Regal stellen:
to put the books on the shelf

in den Schrank stellen:
to put in the cupboard / cabinet

das Getränk in den Kühlschrank stellen:
to put the drink in the fridge

das Fahrrad vor die Garage stellen:
to put the bike in front of the garage

die Vase auf den Tisch stellen:
to put / place the vase on the table

die Blumen in die Vase stellen:
to put the flowers in the vase

den Tisch an die Wand stellen:
to put the table against the wall

2.

sich(A) irgendwohin stellen: to go and stand somewhere

Ich **stelle mich in die Reihe**, um Popcorn zu kaufen.
Wenn es an der Tür klingelt, **stellt sich** der Hund **vor die Tür**.
Während des Regens mussten wir **uns unter einen Baum stellen**.
Er **stellte sich ans Fenster** und schaute nachdenklich nach draußen.
Lass uns ein Foto machen. **Stell dich neben deine Mutter**. Bitte Lächeln!
Stell dich auf die Zehenspitzen, um etwas zu sehen.

sich(A) in die Reihe stellen: to stand in line
Es klingelt an der Tür. : It rings at the door.
sich(A) vor die Tür stellen: to stand in front of the door
während des Regens: during the rain
sich(A) unter einen Baum stellen: to stand under a tree
sich(A) ans Fenster stellen: to stand at the window
nachdenklich nach draußen schauen: to look outside thoughtfully
ein Foto machen: to take a photo
sich(A) neben die Mutter stellen: to stand next to the mother
lächeln: to smile
sich(A) auf die Zehenspitzen stellen: to stand on tiptoes
die Zehenspitze -n: tiptoe

3.

Er hat **sich mir in den Weg gestellt**.
Gestern Abend hat **sich mir** ein Obdachloser **in den Weg gestellt** und um Geld gebeten.
Er **stellt sich gegen die Ausländerfeindlichkeit**.
Die Partei **stellt sich gegen jede Form von Rassismus**.
Meine besten Freunde haben **sich** in schlechten Zeiten **hinter mich gestellt**.

sich(A) jdm. in den Weg stellen: to stand in sb.'s way
der Obdachlose / ein Obdachloser: homeless
um Geld bitten: to ask money
sich(A) gegen jdn./etw. stellen: to oppose sb./sth.
die Ausländerfeindlichkeit -en: racism, xenophobia
gegen jede Form von Rassismus: against any form of racism
sich(A) hinter jdn. stellen: to support sb.

4.

Ich möchte **dem Lehrer eine Frage stellen**.
In der Prüfung wurden **viele Aufgaben gestellt**.
Sie hat **einen Antrag auf Kindergeld gestellt**.
Die beim Unfall entstandenen Kosten werden **in Rechnung gestellt**.
Er wird wegen seiner Straftat **vor Gericht gestellt**.

jdm. eine Frage stellen: to ask sb. a question
jdm. eine Aufgabe stellen: to set sb. a task
einen Antrag auf Kindergeld stellen: to apply for child benefit
die beim Unfall entstandenen Kosten: the costs incurred in the accident
jdm. etw. in Rechnung stellen: to invoice sb. for sth.
wegen seiner Straftat: because of his crime
jdn. vor Gericht stellen: to arraign sb., to haul sb. up before a court

5.

Könntest du **die Musik** bitte **leiser stellen**?
Das ist mein Lieblingslied. **Stell das Radio** bitte **lauter**.
Es ist sehr warm im Zimmer. Könntest du bitte **die Heizung niedriger stellen**?
Morgen früh habe ich eine mündliche Prüfung.
- Du musst daran denken, **deinen Wecker** zu **stellen**.

leiser / lauter stellen: to turn down / up
die Heizung höher / niedriger stellen: to set the heating higher / lower
eine mündliche Prüfung haben: to have an oral exam
den Wecker stellen: to set the alarm

6.

Der Hund **stellt seine Ohren aufrecht**.
Der Hund **stellt sich auf die Hinterpfoten** und springt hoch.
Wenn der Hund **seinen Schwanz stellt**, möchte er damit seine Dominanz zeigen.

die Ohren aufrecht stellen: to put the ears upright
die Hinterpfote -n: hind(back) paw
sich(A) auf die Hinterpfoten stellen: to stand on the hind paws
hochspringen: to jump high
seinen Schwanz stellen: to stick up its tail
die Dominanz -en: dominance

7.

Wenn sie nicht hören will, dann **stellt** sie **sich taub**.
Stell dich nicht **dumm**! Du weißt ganz genau, was ich meine.
Weil er heute nicht in die Schule gehen wollte, **stellte** er **sich krank**.
Als ich im Bett lag und meine Mutter ins Zimmer kam, habe ich **mich schlafend gestellt**.

taub: deaf
sich(A) taub stellen: to pretend not to hear
sich(A) dumm stellen: to act stupid
sich(A) krank stellen: to pretend to be ill
sich(A) schlafend stellen: to pretend to be asleep

8.

sich(A) jdm. stellen: ~to surrender to sb.
sich(A) jdm./etw.(D) stellen: to challenge sb./sth., to do not dodge
sich (A) positive/negativ zu jdm./etw. stellen: to think well/not well of sb./sth.
auf sich selbst gestellt sein: to have to fend for oneself

Er hat **sich der Polizei gestellt**.
Der Täter hat **sich** gestern Abend freiwillig **der Polizei gestellt**.
Du musst **dich deinen Ängsten stellen**.
Er **stellte sich** mutig **dem Dieb**.
Wie **stellst** du **dich zu ihrem Freund**?
Er **stellt sich** positiv **zu seiner neuen Arbeitsstelle**.
Du solltest lernen, **auf dich selbst gestellt zu sein**.

freiwillig: voluntary, voluntarily
der Täter -: perpetrator, culprit, offender
die Angst -"e: fear
mutig: brave, courageous
der Dieb -e: thief
die Arbeitsstelle -n: job, place of work

39. legen: to put, to lay, to place
legt, legte, hat gelegt

1.

Legen Sie **die Bücher** bitte **ins Regal**.
Ich habe **den Schlüssel auf den Tisch gelegt**.
Ich habe **meine Tochter** für den Mittagsschlaf **ins Bett gelegt**.
Er **legte seine Hand auf meine Schulter**.
Ich hatte **den Kellerschlüssel in die Schublade gelegt**. Konntest du ihn nicht finden?

der Mittagsschlaf: afternoon nap
die Schulter -n: shoulder
die Schublade -n: drawer

2.

sich(A) irgendwohin legen: ~ to lie down somewhere

Ich habe **mich ins Bett gelegt**.
Die Katze hat **sich unter mein Bett gelegt**.
Sie **legt sich in die Sonne** und genießt ihren Urlaub.
Ich **legte mich** am Strand **auf den Rücken** und entspannte mich.
Sie **legte sich aufs Sofa** und beobachtete die Fische im Aquarium.
Legen Sie **sich** bitte für die Untersuchung **auf den Bauch**.

sich(A) ins Bett legen: to go to bed
die Katze -n: cat
sich(A) unter das Bett legen: to lie down under the bed
sich(A) in die Sonne legen: to lie down in the sun
genießen: enjoy
sich(A) am Strand auf den Rücken legen:
to lie down on one's back on the beach
sich(A) entspannen: to relax
sich(A) aufs Sofa legen: to lie down on the sofa
beobachten: to watch; to observe
sich(A) auf den Bauch legen: to lie on one's stomach

3.

Ich bin so müde. Ich **lege mich** etwas **schlafen**.
Schalte die Lichter aus, wenn du **dich schlafen legst**.
Das Kind **ließ sich** ohne Weinen **ins Bett legen**.
Der Arzt hat mich gebeten, **mich auf die Seite** zu **legen**.
Der Nebel hat **sich auf die ganze Landschaft gelegt**.

sich(A) schlafen legen: ~ to go to bed
das Licht ausschalten: to turn off the light
sich(A) auf die Seite legen: to lie down on the side
der Nebel -: fog
die Landschaft -en: landscape

4.

Dafür kann ich **meine Hand ins Feuer legen**!
Seit Monaten **legen** die Hennen **keine Eier** mehr.
Das Buch ist sehr spannend. Ich kann **es nicht aus der Hand legen**.
Lass uns **die Fliesen** am besten **von einem Fachmann legen lassen**.

für jdn./etw. die Hand ins Feuer legen: to put the hand in the fire for sb./sth., to vouch for sb./sth.
die Henne -n: hen
das Ei -er: egg
Eier legen: to lay eggs
spannend: exciting
etw. aus der Hand legen: to put sth. down
die Fliese -n: tile
der Fachmann - die Fachleute: expert
Fliesen legen: to lay tiles

5.

jdm. etwas irgendwohin legen
auf etw. Wert legen: to attach importance to sth.
to place importance on sth.

Sie **legte mir den Arm um die Schultern**, um mich zu trösten.
Der Wahrsager **legte mir die Karten auf den Tisch** und warf einen Blick in meine Zukunft.

In einer Beziehung **lege** ich **viel Wert auf Ehrlichkeit**.
Diese Firma **legt auf Pünktlichkeit und Teamarbeit viel Wert**.

der Arm -e: arm
die Schulter -n: shoulder
jdn. trösten: to comfort sb.
jdm. die Karten legen: to tell sb.'s fortune from the cards
der Wahrsager -: fortune teller
einen Blick in etw. werfen: to take a look at sth.
in einer Beziehung: in a relationship
die Ehrlichkeit: honesty, sincerity
die Pünktlichkeit: punctuality

40. sitzen: to sit
sitzt, saß, hat gesessen

1.

Sitzen Sie bequem **auf dem Hocker**?
Die Dame **sitzt am Fenster** und schaut hinaus.
Ich **sitze vor dem Fernseher** und mache es mir gemütlich.
Sie **sitzt mit dem Rücken zum Fenster**.
Sie können gerne **auf dem Stuhl sitzen** und warten bis Sie aufgerufen werden.
Der Stuhl, **auf dem ich saß**, war sehr unbequem.

bequem sitzen: to sit comfortably
auf dem Hocker sitzen: to sit on the stool
am Fenster sitzen: to sit by the window
vor dem Fernseher sitzen: to sit in front of the TV
es sich(D) gemütlich machen: to make oneself comfortable
mit dem Rücken zum Fenster sitzen: to sit with your back to the window
auf dem Stuhl sitzen: to sit on the chair
aufrufen: to call, to call sb.'s name
unbequem: uncomfortable

2.

Wir **sitzen** gerade **am Tisch** und frühstücken.
Bitte bleib noch **am Tisch sitzen**.
Die ganze Familie **saß** in der Küche **um den runden Tisch**.
Sie **saßen auf der Couch** und schauten sich einen Film an.
Ich **sitze** gemütlich **in meinem Sessel** und schaue mir meine Lieblingsserie an.

am Tisch setzen: to sit at the table
sitzen bleiben: to remain seated
um den Tisch sitzen: to sit around the table
auf der Couch sitzen: to sit on the couch
sich(D) einen Film anschauen: to watch a movie
im Sessel sitzen: to sit in the armchair
die Lieblingsserie -n: favorite series

3.

Wo möchten Sie sitzen?
Wir möchten **vorne / hinten / in der Mitte sitzen**.
Das Kino war so voll, dass wir **in der ersten Reihe sitzen** mussten.
Ich liebe es, **im Gras** zu **sitzen** und die Sonne zu genießen.

vorne / hinten / in der Mitte sitzen: *to sit in the front / in the back / in the middle*
voll: *full*
in der ersten Reihe sitzen: *to sit in the first row*
es lieben, etw. zu tun: *to love to do sth.*
im Gras sitzen: *to sit in the grass*
die Sonne genießen: *to enjoy the sun*

4)

Sie hat im Park **auf der Bank gesessen**.
Während die Mütter im Park **auf der Bank saßen**, spielten die Kinder im Sand.
Das Wetter ist heute sehr schön. Wir werden mit Freunden **im Café sitzen**.
Weil ich nicht schlafen konnte, **saß** ich die ganze Nacht **am Computer**.

auf der Bank sitzen: *to sit on the bench*
im Sand spielen: *to play in the sand*
mit Freunden im Café sitzen: *to sit in the cafe with friends*
die ganze Nacht: *all night*
am Computer sitzen: *to sit at the computer*

5)

Ich habe sehr lange **an diesem Projekt gesessen**.
Der Taxifahrer hat den ganzen Tag **am Steuer gesessen**.
In meiner Schulzeit bin ich nie **sitzen geblieben**.
Er muss für diese Tat 5 Jahre **im Gefängnis sitzen**.

an einem Projekt sitzen: *to work on a project*
den ganzen Tag: *all day*
das Steuer: *steering wheel*
am Steuer sitzen: *to drive, to be behind the wheel*
in meiner Schulzeit: *in my school days*
sitzen bleiben: *to have to repeat a year; to remain seated*
die Tat -en: *crime; act*
im Gefängnis sitzen: *to be in prison*

6)

Das Kleid **sitzt wie angegossen**!
Mein Kleid für die Party **sitzt wie angegossen**.
Die Schuhe **sitzen sehr gut**. Außerdem passen sie farblich zu meiner Tasche.
Ich werde alle Kleider in meinem Schrank, die nicht **richtig sitzen**, aussortieren.

wie angegossen sitzen: *~ to fit like a glove*
das Kleid -er: *dress*
sehr gut sitzen: *to fit very well*

zu etw. passen: *to match sth., to go well with sth.*
farblich: *color, in color*
aussortieren: *to sort out*

41. setzen: to put, to set, to sit
setzt, setzte, hat gesetzt

1)

sich(A) setzen: to sit down

Schön, dass Sie hier sind. **Bitte, setzen Sie sich!**
Ich habe **mich an den Tisch gesetzt** und auf das Essen gewartet.
Setzt euch bitte **auf eure Plätze**. Die Vorlesung beginnt gleich.
Wegen der hohen Temperatur haben wir **uns in den Schatten gesetzt**.
Ich **setze mich** jetzt **an die Arbeit**. Die Präsentation muss bis morgen fertig sein.
Darf ich **mich zu Ihnen setzen**?
Im Klassenraum wurde ich **neben ein Mädchen gesetzt**, das sehr hübsch und intelligent war.

Schön, dass Sie hier sind. : Nice that you are here.
sich(A) an den Tisch setzen: to sit down at the table
die Vorlesung -en: lecture
wegen der hohen Temperatur: because of the high temperature
der Schatten -: shade
sich(A) in den Schatten setzen: to sit in the shade
sich(A) an die Arbeit setzen: to get to work
sich(A) zu jdm. setzen: to sit next to sb.
der Klassenraum -"e: classroom
sich(A) neben jdn. setzen: to sit next to sb.
hübsch und intelligent: pretty and intelligent

2)

jdn./etw. irgendwohin setzen: to put (place) sb./sth. somewhere

Ich **setze meinen kleinen Sohn auf den Hochstuhl**.
Er **setzte einen Topf auf den Herd** und begann zu kochen.
Obwohl sie nicht bereit dazu waren, haben sie **ein Kind in die Welt gesetzt**.
Das Restaurant hat **ein neues Gericht auf die Speisekarte gesetzt**. Sollen wir es mal probieren?
Am Satzende muss man **einen Punkt setzen**.
Vor den Konjunktionen "als" und "wenn" musst du **ein Komma setzen**.

meinen kleinen Sohn auf den Hochstuhl setzen: to put my little son on the high chair
einen Topf auf den Herd setzen: to put a pot on the stove
obwohl: although
ein Kind in die Welt setzen: to bring a child into the world
ein neues Gericht auf die Speisekarte setzen: to put a new dish on the menu

probieren: to try
einen Punkt am Satzende setzen: to put a period at the end of the sentence
ein Komma setzen: to put a comma

3)
sich(D) **etwas setzen**
jdm./etw. etwas setzen

Er **setzte sich einen Hut auf den Kopf**.
Den Kindern Grenzen zu **setzen** ist eine schwierige Sache.
Lassen Sie uns **diesem Gespräch ein Ende setzen**.
Ich habe **meinem Kind einen Hut auf den Kopf gesetzt**, um es vor der Sonne zu schützen.
Setze dir wichtige Ziele, die dein Leben glücklicher machen.
Du musst **dir** zuerst **ein Ziel setzen**. Dann kannst du mit viel Arbeit und Motivation dein Ziel erreichen.

sich(D) **einen Hut auf den Kopf setzen**: to put a hat on one's head
den Kindern Grenzen setzen: to set limits for the children
etw.(D) **ein Ende setzen**: to put an end to sth.
diesem Gespräch ein Ende setzen: to put an end to this conversation
vor der Sonne schützen: to protect from the sun
sich(D) **ein Ziel setzen**: to set oneself a goal
dein Leben glücklicher machen: to make your life happier
ein Ziel erreichen: to achieve (reach) a goal

42. tun: to do, to put
tut, tat, hat getan

1)

Guten Tag! **Was kann ich für Sie tun?**
Ich **habe** heute **viel zu tun**.
Ich **habe** heute **nichts zu tun**. Sollen wir uns treffen?
Morgen auf der Arbeit **habe ich** noch **eine Menge zu tun**.
Ich konnte mich nicht melden, weil ich **viel zu tun hatte**.

Was kann ich für Sie tun?: What can I do for you?
viel zu tun haben: to have a lot to do
nichts zu tun haben: to have nothing to do
sich(A) treffen: to meet
eine Menge: a lot, plenty of
eine Menge zu tun haben: to have a lot to do
sich(A) melden: to get in touch; to report

2)

etw. zu tun haben, als ... zu ... : to have sth. to do than
mit jdm./etw. nichts zu tun haben:
to have sth./nothing to do with sb./sth.

Ich **habe viel Wichtigeres zu tun**, als zu Hause zu sitzen.
Ich **hatte** heute **nichts anderes zu tun**, als zu putzen.
Hast du **nichts Besseres zu tun**, als vor dem Computer zu sitzen?
Ich **habe mit dieser Sache nichts zu tun**.
Sie möchte **mit ihrem Ex-Freund nichts mehr zu tun haben**.

viel Wichtigeres zu tun haben, als ... zu ... :
to have much more important things to do than ...

nichts anderes zu tun haben, als zu putzen:
to have nothing else to do but clean

nichts Besseres zu tun haben, als ... :
to have nothing better to do than ...

die Sache -n: matter, thing

3.

Kannst du **mir einen Gefallen tun**?
Tu mir doch den Gefallen und bring mir ein Glas Wasser.
Ich habe **für** die heutige Prüfung **mein Bestes getan**.
Wir haben **für** den Patienten **alles getan**, was wir konnten.
Sonntag war mein fauler Tag. Ich habe **nichts Besonderes getan**.
Wir haben einen platten Reifen. - Was können wir **in diesem Fall tun**?
Ich habe ihr offen und ehrlich meine Meinung gesagt. - Du hast **das Richtige getan**.
Mein Freund behandelt mich schlecht, obwohl ich **immer Gutes für ihn getan** habe.

der Gefallen -: favor
jdm. einen Gefallen tun: to do a favor for sb.
ein Glas Wasser bringen: to bring a glass of water
heutig: today's
alles tun: to do everything
faul: lazy
nichts Besonderes tun: to do nothing special
ein platter Reifen: a flat tire
platt: flat
der Reifen -: tire
in diesem Fall tun: to do in this case
offen und ehrlich: open and honest
die Meinung -en: opinion
das Richtige tun: to do the right thing
jdn. schlecht behandeln: to treat sb. badly
Gutes tun: to do good (things)

4.

Tu, was du willst!
Tu, was du nicht lassen kannst!
Ich werde sehen, **was ich tun kann**.
Kinder, so etwas tut man nicht!
Haben Sie keine Angst. Mein Hund **tut** Ihnen **nichts**.
Tu die Milch bitte wieder **in den Kühlschrank**.
Wohin hast du **meine Schuhe getan**? Ich finde sie nicht.

Tu, was du willst!: Do what you want!
Tu, was du nicht lassen kannst!: Do what you have to do!
Angst haben: to be afraid
Mein Hund tut Ihnen nichts.: My dog won't hurt you.
etw. irgendwohin tun: to put sth. somewhere
die Milch in den Kühlschrank tun: to put the milk in the fridge

5.

sich tun: to happen
es tut sich etwas: ~sth. is happening

Heute hat **sich in der Börse viel getan**.
Hier hat **sich einiges getan**. Vor kurzem wurde ein Supermarkt eröffnet.
Ich habe vor zwei Wochen Samen eingepflanzt. Aber **es hat sich** immer noch **nichts getan**.

die Börse -n: stock market, stock exchange
einige: several
vor kurzem: recently, lately | *eröffnen*: to open
der Samen -: seed
pflanzen: to plant

6.

Bitte sag mir, ob er **dir was getan hat**.
Dich zu vergessen ist **leichter gesagt als getan**.
Heute kannst du **tun und lassen was du willst**.
Tu doch nicht so, als wäre zwischen uns nichts passiert.
Ich kann es nicht mehr dulden, **wenn er so tut, als ob** nichts wäre.
Nach **getaner Arbeit** kann ich mich endlich etwas hinlegen und ausruhen.

Bitte sag mir, ob er dir was getan hat. :
Please tell me if he did anything to you.
leichter gesagt als getan: easier said than done
tun und lassen können, was du willst: to do as you like
tu doch nicht so: don't act/pretend like this
als wäre zwischen uns nichts passiert: as if nothing had happened between us
dulden: to tolerate, to endure; to suffer
Ich kann es nicht mehr dulden: I can't stand it anymore
als ob: as if
sich(A) hinlegen: to lay down
sich(A) ausruhen: to rest

7.

jdm. tut etwas leid: sb. is sorry about sth.
jdm. wehtun: to hurt sb.

Es tut mir leid, dass ich mich verspätet habe.
Keine Sorge, ich **tue dir** nicht **weh**.

sich(A) verspäten: to be late

43. fragen: to ask
fragt, fragte, hat gefragt

1.

jdn. etwas fragen: to ask sb. sth.

Du kannst mich ruhig fragen.
Ich habe nicht gehört. **Was hast du gefragt?**
Wie alt sind Sie, **wenn ich fragen darf?**
Ich habe keine Ahnung. Da **fragst du mich zu viel**.
Ich werde **sie fragen**, was passiert ist.
Ich **frage dich noch einmal**. Woher kennst du diese Frau?
Ich werde **meine Mutter fragen**, ob sie in der Küche Hilfe braucht.
Das Kind verlässt das Haus, ohne **die Eltern** zu **fragen**.

ruhig fragen: ~to ask without hesitation
ruhig: calm, quiet
hören: to hear
wenn ich fragen darf : if you don't mind my asking
keine Ahnung haben: to have no idea
jdn. zu viel fragen: to ask sb. too much
passieren: to happen
jdn. noch einmal fragen: to ask sb. again
jdn. kennen: to know sb.
das Haus verlassen: to leave the house
ohne die Eltern zu fragen: without asking the parents

2.

jdn. nach jdm./etw. fragen: to ask sb. about/for sb./sth.

Darf ich **Sie nach dem Weg fragen**?
Ich **frage meinen Vater nach seiner Meinung**
Mich hat keiner **nach meiner Meinung gefragt**.
Hat jemand **nach mir gefragt**, in der Zeit wo ich weg war?
Ich habe **ihn nach seiner Meinung** zu diesem Thema **gefragt**.

jdn. nach dem Weg fragen: to ask sb. for directions
jdn. nach seiner / ihrer Meinung fragen: to ask sb.'s opinion

Wenn ich rausgehen möchte, **frage** ich **um Erlaubnis meiner Eltern**.
Ich möchte Urlaub nehmen und habe **meinen Chef um Einverständnis gefragt**.

jdn. um Erlaubnis fragen: to ask sb. for permission
jdn. um Einverständnis fragen: to ask sb. for approval/consent

3.

Ich frage mich (nur), warum / wie: I (just) want to know why / how
I (just) wonder why /how
es fragt sich, ob: the question is whether ...
it is doubtful whether ...

Ich frage mich, warum du dich so verspätet hast.
Ich frage mich, wie er in kurzer Zeit für die Prüfung lernen konnte.
Ich frage mich, warum Julia mit ihrem Freund Schluss gemacht hat.
Ich habe heute zwei Jobangebote erhalten, **ich frage mich, welches** ich annehmen soll.

Der Preis kann wieder steigen, **es fragt sich** nur wann?
Es fragt sich, ob man ihm überhaupt noch etwas glauben kann.

sich(A) verspäten: to be late
in kurzer Zeit: in a short time
für die Prüfung lernen: to learn for the exam
mit jdm. Schluss machen: to break up with sb.
das Jobangebot -e: job offer
erhalten: to receive
annehmen: to accept
der Preis -e: price
steigen: to increase, to rise
überhaupt noch etwas: anything at all
glauben: to believe

44. antworten: to answer, to reply
antwortet, antwortete, hat geantwortet

auf etw. antworten: to answer (reply to) sth.

1

Können Sie bitte **auf meine Frage antworten**?
Wieso **antwortest** du nicht **auf meine Frage**?
Sie hat **ihm auf seine Nachricht** noch nicht **geantwortet**.
Antworte mir nicht, ohne zu überlegen.
Ehrlich gesagt, habe ich nicht erwartet, dass du **antwortest**.
Um die Sache klarzustellen, muss sie **mir** erst **antworten**.
Ich habe sie mehrmals angerufen. Doch sie **antwortete** nicht.

auf eine Frage antworten: to answer a question
auf eine Nachricht antworten: to reply to a message
überlegen: to think | *ehrlich gesagt*: honestly
erwarten: to expect | *um die Sache klarzustellen*: to clarify the matter
erst: first | *mehrmals*: many times
Doch sie antwortete nicht. : But she didn't answer.

2.

Ich weiß nicht, wie ich **darauf antworten** soll.
Du stellst blöde Fragen, **darauf antworte** ich nicht.
Sie **antwortete auf den Heiratsantrag mit** einem Lächeln.
Was hast du zu seinem Heiratsantrag gesagt? - Ich habe **mit "Ja" geantwortet**.
Die Ausländerbehörde hat mich gebeten, ihnen **schriftlich** zu **antworten**.
In der mündlichen Prüfung war ich so gestresst, dass ich **auf die Fragen** nicht **antworten** konnte.
Meine Freundin hat mir einen Brief aus dem Ausland geschrieben. Ich muss jetzt **auf ihren Brief antworten**.

blöde Fragen stellen: to ask stupid questions
der Heiratsantrag -"e: marriage proposal
mit einem Lächeln antworten: to answer with a smile
mit "Ja" oder "Nein" antworten: to answer with "yes" or "no"
die Ausländerbehörde -n: foreigners' registration office
bitten: to request, to ask
schriftlich antworten: to reply in writing
in der mündlichen Prüfung: in the oral exam
so gestresst, dass ... : so stressed that ...
einen Brief aus dem Ausland schreiben: to write a letter from abroad
auf einen Brief antworten: to reply to a letter

45. beantworten: to answer, to reply
beantwortet, beantwortete, hat beantwortet

Sie haben zwei Wochen Frist, um **diesen Brief** zu **beantworten**.
Es tut mir leid, dass ich **deine Nachricht** so spät **beantworte**.
Hast du **die zweite Frage** in der Prüfung **beantwortet**?
Ich weigere mich, **diese Frage** zu **beantworten**.
Im Test ist es mir gelungen, **viele Fragen** zu **beantworten**.
Du solltest erst überlegen, bevor du **die Frage beantwortest**.
Der Geschäftsführer **beantwortete die Fragen** zum Projekt ausführlich.
Ich habe **Ihre E-Mail beantwortet**. Die Preisliste habe ich auch hinzugefügt.

die Frist -en: deadline, fixed time, period of time
einen Brief beantworten: to answer a letter
eine Nachricht beantworten: to answer a message
die zweite Frage beantworten: to answer the second question
sich(A) weigern, etw zu tun: to refuse to do sth.
gelingen: to succeed
jdm. gelingt es, etw. zu tun: sb. succeeds in doing sth.
überlegen: to think
eine Frage beantworten: to answer a question
der Geschäftsführer: managing director
ausführlich beantworten: to answer in detail
eine E-Mail beantworten: to answer an email
eine Preisliste hinzufügen: to add a price list

46. brauchen: to need
braucht, brauchte, hat gebraucht

1.

Ich **brauche eine neue Wohnung**.
Ich **brauche Geld für** mein Studium im Ausland.
Meine Schuhe sind schon alt. Ich **brauche neue Schuhe**.
Ich **brauche einen neuen Computer**. Dieser stürzt ständig ab.
Ich frage mal meine Mutter, ob sie **Hilfe im Haushalt braucht**.

im Ausland: abroad | *ständig*: constantly, ~always | *abstürzen*: to crash
im Haushalt: in the household

2.

Wie lange braucht ihr noch **für** die Renovierung?
Wie lange brauchst du, **um** zur Arbeit **zu** kommen?
Ich **brauche zwei Wochen, um** das Projekt **zu** vollenden.
Ich **brauche noch etwas Zeit**, mich an die Sprache **zu** gewöhnen.
Um eine Entscheidung **zu** treffen, **brauche** ich etwas Zeit.

die Renovierung -en: renovation
ein Projekt vollenden: to complete a project
sich(A) an etw.(A) gewöhnen: to get used to sth.
sich(A) an die Sprache gewöhnen: to get used to the language
eine Entscheidung treffen: to make a decision

3.

Ich **brauche dringend einen Anwalt**.
Ich **brauche dringend einen Termin**. Ich habe starke Kopfschmerzen.
Sie **brauchen keinen Termin**, kommen Sie einfach vorbei.
Diese Woche habe ich hart gearbeitet. Ich **brauche etwas Erholung**.
Das Jahr verging sehr stressig. Ich **brauche einen langen Urlaub**.

dringend brauchen: to need urgently
einen Anwalt brauchen: to need a lawyer
einen Termin brauchen: to need an appointment
Kopfschmerzen haben: to have a headache
vorbeikommen: to come by, to drop in / by
etwas Erholung brauchen: to need some rest
vergehen: to pass, to go by
stressig: stressful | *einen langen Urlaub brauchen*: to need a long vacation

4.

Ich sortiere **meine Kleidungen** aus, **die** ich **nicht mehr brauche**.
Er **brauchte seinen Laptop nicht mehr** und schenkte ihn seiner Schwester.
Könntest du mir etwas Geld leihen? Ich **brauche es, um** meine Rechnungen **zu** bezahlen.
Um die lange Strecke beim Marathon laufen **zu** können, **brauche** ich **genügend Ausdauer**.

aussortieren: to sort out
jdm. etw. schenken: ~to give sb. a present
die Schwester -n: sister
jdm. etwas Geld leihen: to lend money to sb.
meine Rechnungen bezahlen: to pay my bills
die Strecke -n: distance
genügend Ausdauer brauchen: to need enough stamina

5.

etw. für etw. brauchen: to need sth. for sth.

Sie hat **für** den Einkauf **eine Menge Geld gebraucht**.
Für diese Reparatur **brauche** ich **einen Werkzeugkasten**.
Geh dich ausruhen. Du **brauchst noch Kraft und Energie für** morgen.
Heute möchte ich ein Bild malen. **Dafür brauche** ich **einen Pinsel und verschiedene Farben**.

für den Einkauf eine Menge Geld brauchen: to need a lot of money for shopping
der Werkzeugkasten -": toolbox | *die Reparatur -en*: repair
sich(A) ausruhen: to rest | *die Kraft -"e*: strength, power
ein Bild malen: to paint a picture | *der Pinsel -*: brush

6.

etw. zu tun brauchen: to need to do sth.
etw. nicht zu tun brauchen: to not need to do sth.

Du **brauchst nicht zu** klingeln, ich lasse die Tür auf.
Wenn du Hilfe benötigst, **brauchst** du es, mir nur **zu** sagen.
Ich passe schon auf. Du **brauchst** dir keine Sorgen **zu** machen.
Ich werde dir schon ein Eis kaufen. Du **brauchst nicht** gleich **zu** weinen.
Die Versammlung wurde abgesagt. Sie **brauchen** morgen **nicht zu** kommen.
Endlich **brauche** ich heute **nicht zu** arbeiten, weil ich meine Überstunden abbauen muss.

klingeln: to ring
benötigen: to need
aufpassen: to pay attention, to take care
sich(D) Sorgen machen: to worry
weinen: to cry

die Versammlung -en: meeting
absagen: to cancel
die Überstunden (pl.): overtime
Überstunden abbauen: to reduce accrued overtime

47. lassen: to let, to leave, to allow
lässt, ließ, hat gelassen

1.

etwas lassen: to stop sth.
von etwas lassen: to give up sth.

Lass das!
Ich möchte nicht diskutieren. **Lassen** wir **das Thema**.
Sie ist schwanger aber kann **das Rauchen** nicht **lassen**.
Er kann seit Jahren nicht **vom Alkohol lassen**. Ich habe ihm eine Behandlung geraten.
Sie haben sich mehrmals getrennt und sich wieder versöhnt. Sie können nicht **voneinander lassen**.

lass das! : don't do that, stop it!, leave it!
diskutieren: to discuss
das Rauchen lassen: to stop smoking
vom Alkohol lassen: to stop drinking alcohol
eine Behandlung raten: to advise a treatment
sich(A) trennen: to break up
sich(A) versöhnen: to become reconciled, to make it up
von jdm. lassen: to leave sb.

2.

jdn. lassen: to let sb.
jdn./etw./ein Tier irgendwohin lassen:
to let sb./sth./an animal go somewhere

Lass mich! Ich möchte gehen!
Du stehst mir im Weg. **Lass mich** mal **vorbei**!
Sie **lassen keine Hunde ins Geschäft**. Ich muss ihn vor dem Geschäft anbinden.
Der Türsteher hat **mich** nicht **in die Disco gelassen**, weil ich keine Begleitung dabei hatte.
Der Einlass ist erst um 17 Uhr. Davor werden **keine Zuschauer ins Stadion gelassen**.
Mach bitte das Fenster auf und **lass frische Luft ins Zimmer**. Hier ist es sehr stickig.

jdn. vorbeilassen: to let sb. go
jdm. im Weg stehen: to stand in sb.'s way
keine Hunde ins Geschäft lassen: to not let dogs in the shop
einen Hund vor dem Geschäft anbinden: to tie up a dog in front of the store
der Türsteher -: bouncer, doorman

jdn. in die Disco lassen: *to let sb. into the disco*
die Begleitung -en: *company*
der Einlass: *admission, admittance*
der Zuschauer -: *spectator, the audience*
das Stadion - die Stadien: *stadium*
das Fenster aufmachen: *to open the window*
frische Luft ins Zimmer lassen: *to let fresh air into the room*
stickig: *stuffy, sticky*

3.

jdn./etw. irgendwo lassen: *to leave sb./sth. somewhere,*
to leave behind

Heute scheint die Sonne. Ich **lasse meine Jacke zu Hause**.
Ich habe **das Fenster offen gelassen**, damit das Zimmer durchlüftet wird.
Ich habe **mein Auto zu Hause gelassen** und bin mit dem Fahrrad zur Arbeit gekommen.
Ich habe **meine Pyjamas bei meiner Freundin gelassen**, weil ich öfters bei ihr übernachte.
Nach dem Krieg musste die Hälfte der Bevölkerung **sein Leben lassen**.
Er hat **die schlechten Zeiten hinter sich gelassen** und widmet sich nur noch seiner Familie.

scheinen: *to shine*
meine Jacke zu Hause lassen: *to leave my jacket at home*
das Fenster offen lassen: *to leave the window open*
ein Zimmer durchlüften: *to air out a room*
mit dem Fahrrad zur Arbeit kommen: *to come to work by bike*
öfters: *more often*
bei jdm. übernachten: *to stay overnight at sb.'s place*
nach dem Krieg: *after the war*
die schlechten Zeiten hinter sich(D) lassen: *to leave the bad times behind*
sich(A) seiner Familie widmen: *to devote oneself to his family, to attend to his family*

4.

jdn./etw. irgendwie lassen: *to leave sb./sth. somehow*

Ich habe so viel zu tun, bitte **lass mich in Frieden**.
Ich möchte nichts mehr von dir hören. **Lass mich in Ruhe!**
Lass dein Kind nicht unbeaufsichtigt auf dem Spielplatz **zurück**.
Ich würde **mein kleines Kind** draußen niemals **ohne Aufsicht lassen**.

Lass mich in Frieden! : *Don't bother me! / Leave me alone!*
der Frieden -: *peace*
Lass mich in Ruhe! : *Leave me alone!*

die Ruhe: quiet, calm, peace
ein Kind unbeaufsichtigt lassen: to leave a child unattended
zurücklassen: to leave behind
ein Kind ohne Aufsicht lassen: to leave a child unsupervised

5.

jdm. etwas lassen: to let sb. have sth.

Sie **ließ mir keine Schokolade** übrig!
Lass mir etwas Zeit zum Überlegen.
Wenn Sie **mir das Handy** günstiger **lassen**, kaufe ich es.
Meine Freundin fand mein Buch sehr interessant. Ich habe **es ihr** bis nächste Woche **gelassen**.

übrig: left
überlegen: to think about
günstiger: more favorable, cheaper
bis nächste Woche: until next week

6a.

jdn. Infinitive **+ lassen**: to allow sb. to do sth.
to let sb. do sth.

Lass ihn nur **kommen**!
Lass das Kind seine Milch **austrinken**.
Lass mich heute ausnahmsweise den Abwasch **machen**.
Sie unterbrechen mich ständig! **Lassen Sie mich** bitte **zu Ende reden**!
Ich **lasse dich** schon nicht im Regen **stehen**. Nimm den Regenschirm mit.

jdn. kommen lassen: to let sb. come
austrinken: to drink up
ausnahmsweise: exceptionally, as a special exception
den Abwasch machen: to do the dishes
jdn. den Abwasch machen lassen: to let sb. do the dishes
ständig: constantly, all the time
jdn. ständig unterbrechen: to interrupt sb. constantly
zu Ende reden: to finish talking
jdn. zu Ende reden lassen: to let sb. finish talking

6b.

etw. Infinitive + lassen: to let sth. happen

Lass bitte **die Schlüssel** auf dem Tisch **liegen**.
Lass dein Geld stecken! Du bist eingeladen!
Ich habe **mein Buch** in der Bibliothek **liegen lassen**.
Sie hat **die Schlüssel** an der Tür **stecken lassen**.
Lassen Sie die Rechnung meine Sorge sein.
Der Lehrer **ließ den Text** auf der Tafel **stehen**.
Lässt du bitte das **schmutzige Geschirr stehen**? Ich erledige das schon!
Lass die Dinge so sein, wie sie sind.

die Schlüssel auf dem Tisch liegen lassen: to leave the keys on the table
eingeladen: invited
den Schlüssel stecken lassen: to leave the key in the lock
die Rechnung -en: bill, invoice
die Sorge -n: concern
den Text auf der Tafel stehen lassen: to leave the text on the blackboard
das schmutzige Geschirr: the dirty dishes
erledigen: to do, to manage, to finish
Lass die Dinge so sein, wie sie sind. : Let things be as they are.

7.

jdn./etw. Infinitive + lassen: to have sth. done

Sie haben **mich** in der Arztpraxis lange **warten lassen**, weil ich ohne Termin ging.
Ich habe vom Zahnarzt **meine Zähne reinigen lassen**. Sie sehen jetzt sehr sauber aus.
Obwohl ich lange Haare mag, möchte ich **sie** mal kürzer **schneiden lassen**.

in der Arztpraxis: in the doctor's office
jdn. warten lassen: to keep sb. waiting
reinigen: to clean
sehr sauber aussehen: to look very clean
sich(D) die Haare schneiden lassen: to get/have one's a haircut

8a.

jdn./ etw./ sich(A) Infinitive + **lassen**: to let sb. do sth.
to allow sb. to do sth.
sich(D) sagen lassen, dass ... : to hear (be told) that ...

Was ist los? Du **lässt** ja gar nichts mehr **von dir hören**?
Wie siehst du bloß aus? So kannst du **dich** nicht **sehen lassen**.
Gestern habe ich Tom getroffen. Er **lässt dich grüßen**.
Ich habe **mir sagen lassen**, dass er die Abschlussprüfung nicht bestanden.
Lass dich nicht **hängen**. Morgen ist schon Freitag und dann haben wir endlich Wochenende.

von sich(D) hören lassen: to keep in touch
sich(A) sehen lassen: to show up
jdn. grüßen lassen: to say hello to sb
Ich habe mir sagen lassen, dass ... : I've been told that ...
die Abschlussprüfung bestehen: to pass the final exam
sich(A) hängen lassen: to let oneself go

8b.

jdn./ etw./ sich(A) Infinitive + **lassen**: to let sb. do sth.
to allow sb. to do sth.

Sie **ließ sich** von ihrem Freund **küssen**.
Ich würde **mich** von ihm nicht **beleidigen lassen**.
Er **ließ sich** letztes Jahr von seiner Frau **scheiden**.
Ich werde das tun, was ich für richtig halte. Ich **lasse mich** davon nicht **abhalten**.
Er hat **seinen Hund** auf der freien Wiese **laufen lassen**.
Sie **lässt** heißes Wasser in die Badewanne **einlaufen**.

küssen: to kiss
beleidigen: to insult, to offend
sich(A) von jdm. scheiden lassen: to divorce sb.
für richtig halten: to consider it right
sich(A) von jdm./etw. abhalten lassen: to be deterred by sb./sth.
auf der Wiese: on the grass
den Hund laufen lassen: to let the dog run
heißes Wasser in die Badewanne einlaufen lassen:
to let hot water run into the bathtub

8c.

jdm./sich(D) Infinitiv +lassen

Mein Nachbar hat mich beleidigt. Das **lasse** ich **mir** nicht **gefallen**.
Lass es **dir** gut **gehen** und einen schönen Gruß an deine Eltern!
Das sieht aber lecker aus! **Lass** es **dir schmecken**.

beleidigen: to insult, to offend
sich(D) gefallen lassen: to put up with sth.
Lass es dir gut gehen! : Have a great time!
Lass es dir schmecken. : Enojy your meal.

9.

Lass uns ...
(Imperativ mit Infinitiv)

Lass uns etwas <u>essen</u>.
Lass uns ins Kino <u>gehen</u>.
Der Laden schließt gleich. **Lass uns** <u>gehen</u>!

Lass uns etwas essen. : Let's eat something.
der Laden -": shop, store
schließen: to close

10.

etw. lässt sich ... [Infinitive]

Sie hat eine super Stimme. Sie **lässt sich hören**!
Das Fenster **lässt sich** nicht **öffnen**. Irgendwas stimmt mit dem Griff nicht.
Ich möchte Sie um eine Gehaltserhöhung bitten. - Das **lässt sich** schon **machen**.
Diese Stadt hat viele Sehenswürdigkeiten. Hier **lässt** es **sich leben**.

die Stimme -n: voice
Das lässt sich hören! : That's good to hear!
Das Fenster lässt sich nicht öffnen. : The window can't be opened.
etw. stimmt mit etw. nicht: sth. must be wrong with sth.
der Griff -e: handle, hilt, grip, grasp
um eine Gehaltserhöhung bitten: to ask for salary increase
Das lässt sich schon machen. : That can be done.
die Sehenswürdigkeiten (pl.): sights, places of interest
Hier lässt es sich leben. : It's a good life here.

Tu, was du nicht lassen kannst! : Do what you have/want to do!

48. warten: to wait
wartet, wartete, hat gewartet

1.

auf jdn./etw. warten: to wait for sb./sth.

Worauf wartest du?
Ich **warte auf den Zug**.
Bitte **wartet auf mich**! Ich mache mich schnell fertig.
Ich **warte** an der Bushaltestelle **auf dich**. Wo bleibst du?
Ich **warte auf meine Freundin** am Eingang des Kinos.
Sie hat stundenlang in der Kälte **auf ihren Freund gewartet**.
Darf ich wissen, **auf wen** Sie hier **warten**?
Das Leben ist zu kurz. **Worauf wartest du noch?**
Bis zum Abflug haben wir zwei Stunden lang **gewartet**.

Worauf wartest du?: What are you waiting for?
Auf wen warten Sie?: Who are you waiting for?
auf den Zug warten: to wait for the train
Bitte wartet auf mich! : Please wait for me!
sich(A) fertig machen: to get ready
an der Bushaltestelle: at the bus stop
auf meine Freundin warten: to wait for my girlfriend
am Eingang des Kinos: at the entrance of the movie theater
stundenlang: for hours
in der Kälte: in the cold
bis zum Abflug: until departure
der Abflug -"e: departure
zwei Stunden lang: two hours long

2.

Sie **warteten auf den verspäteten Bus**.
Die Warteschlange ist zu lang. Wir müssen **lange warten**.
Wir haben mit dem Essen noch nicht begonnen. Wir haben **auf dich gewartet**.
Du musst **warten**, bis die Ampel grün wird. Dann darfst du die Straße überqueren.
Die Tickets wurden schon ausverkauft. Wir haben **vergeblich gewartet.**
Diesmal hast du aber lange **auf dich warten lassen**.

auf den verspäteten Bus warten: to wait for the delayed bus
die Warteschlange -n: queue, line
lange warten: to wait a long time
Du musst warten, bis die Ampel grün wird. : You have to wait until the traffic light turns green.
die Straße überqueren: to cross the street

3.

Warten Sie bitte **einen Moment.**
Der Geldautomat funktioniert nicht. **Warten** Sie **eine Weile** und versuchen Sie es erneut.
Können Sie **einen Augenblick warten**? Ich muss noch Ihre Daten in den Computer eingeben.
Ich habe sie gestern angeschrieben und **warte** immer noch **auf ihre Nachricht**.
Ich habe zwei Monate lang **auf die Antwort** des Konsulats **gewartet**. Mein Visum wurde nicht genehmigt.

einen Moment warten: to wait a moment
der Geldautomat -en: cash machine
eine Weile warten: to wait a while
Versuchen Sie es erneut. : Try it again.
einen Augenblick warten: to wait a moment
die Daten in den Computer eingeben:
to enter the data / sb.'s details into the computer
jdn. anschreiben: to write to sb.
auf ihre Nachricht warten: to wait for her message
auf die Antwort warten: to wait for the answer
genehmigen: to approve

*****warten**: to service, to maintain
Das Gerät muss regelmäßig gewartet werden.

das Gerät -e: device
regelmäßig: regularly

49. helfen: to help, to support, to assist
hilft, half, hat geholfen

1)

jdm. bei etw. helfen: to assist/help sb. with sth.
jdm. helfen, etw. **zu** tun: to assist/help sb. with sth.

Kannst du **mir kurz helfen**?
Ich wäre glücklich, wenn du **mir helfen** würdest.
Soll ich **Ihnen helfen**? Danke, das geht schon.
Kannst du **mir bei meinen Hausaufgaben helfen**?
Kannst du **mir helfen**, die Taschen zu tragen?
Könntest du **uns helfen**, diese Aufgabe zu lösen?
Würdest du **mir helfen**, meine Schlüssel zu finden?
Er hat **mir geholfen**, meine Sorgen loszuwerden.
Er hat **seiner Mutter beim Abwasch geholfen**.
Ich **helfe** Ihnen gerne, die Tüten hochzutragen.
Ich suche diese Adresse. Können Sie **mir helfen**?
Ich **half der alten Dame**, die Straße zu überqueren.

Kannst du mir kurz helfen?: Can you help for a moment?
Ich wäre glücklich, wenn du mir helfen würdest. :
I would be happy if you would help me.
Soll ich Ihnen helfen?: Should I help you?
jdm. bei den Hausaufgaben helfen: to help sb. with his/her homework
eine Tasche tragen: to carry a bag
eine Aufgabe lösen: to solve a task/problem
Würdest du mir helfen, etw. zu tun?: Would you help me do sth.?
die Sorgen loswerden: to get rid of the worries
der Mutter beim Abwasch helfen: to help the mother with doing the dishes
eine Tüte hochtragen: to carry a bag up
eine Adresse suchen: to search/look for an address
der alten Dame helfen: to help the old lady
die Straße überqueren: to cross the street

2)

Martin ist immer hilfsbereit. Er hat **mir beim Umzug** sehr **geholfen**.
Sie hat **mir bei der Suche nach einer neuen Wohnung geholfen**.
Soll ich **dir auf das Fahrrad helfen**, oder schaffst du das allein?
Entweder **hilfst** du **mir beim Spülen** oder du räumst dein Zimmer auf.
Die Erfolgschancen sind so gering, dass die Ärzte **ihr** nicht **helfen** können.
Als ich arbeitslos war, hat **mir** niemand **finanziell geholfen**.
Wir verstehen uns mit Alex sehr gut. **Beim Lernen helfen** wir **uns** immer **gegenseitig**.
Was würdest du tun, wenn du viel Geld hättest?
- Ich würde **den armen Menschen helfen**.

hilfsbereit: helpful
jdm. beim Umzug helfen: to help sb. move
jdm. bei der Suche nach einer neuen Wohnung *helfen*: to help sb. find a new apartment / flat
schaffen: to manage. to accomplish, to do, to create
Schaffst du das allein?: Can you do it alone?
jdm. beim Spülen helfen: to help sb. do the dishes
das Zimmer aufräumen: to clean up / tidy up the room
die Erfolgschance -n: chance of success
gering: low
als ich arbeitslos war: when I was unemployed
jdm. finanziell helfen: to help sb. financially
sich(A) mit jdm. verstehen: to get along with sb.
sich gegenseitig helfen: to help each other
gegenseitig: mutual, mutually, each other
den armen Menschen helfen: to help poor people
arm: poor

3)

helfen (nützen: to avail)

Es **hilft alles nichts**. Wir alle werden älter.
Egal, was wir versuchen. **Ihm** ist nicht zu **helfen**.
Du musst jetzt den Tisch abräumen. Da **hilft kein Jammern**.
Es könnte **dir bei deinen schlechten Noten helfen**, dich am Unterricht mehr zu beteiligen.
Die Trennung von meiner Freundin ist mir sehr schwergefallen. Aber die Zeit wird **mir helfen**.

Es hilft alles nichts. : Nothing helps.
älter werden: to get older
jammern: to moan, to complain
bei deinen schlechten Noten helfen: to help with your poor grades
sich(A) am Unterricht beteiligen: to take part in lessons
jdm. schwerfallen: to be difficult for sb.

4.

helfen (heilen: to heal**)**

Dieses **hilft bei Kopfschmerzen**.
Leider hat sich der Tumor verbreitet. Nur eine Operation kann **Ihnen helfen**.
Ich bin etwas verschnupft. - Nimm dieses Nasenspray, es **hilft gegen** Schnupfen.
Es gibt gute Beruhigungstees, die **gegen Stress helfen**.
Das Warten **hilft dem Patienten** nicht, wir müssen jetzt mit einer Therapie anfangen.
Ich habe viele Cremes gegen meine Falten benutzt. **Es hilft alles nichts.**

das Medikament -e: medicine
bei Kopfschmerzen helfen: to help with headache
sich(A) verbreiten: to spread
verschnupft sein: to have a cold
schnupfen: to sniff
gegen etw. helfen: to help against sth.
der Beruhigungstee: calming tea
die Falte -n: wrinkle
Es hilft alles nichts. : Nothing helps.

50. schreiben: to write
schreibt, schrieb, hat geschrieben

1.

jdm. etwas schreiben: to write to sb.

Ich habe **meiner Freundin viele Postkarten** aus dem Urlaub **geschrieben**.
Er **schrieb mir eine lange Nachricht**, um seine Gefühle zu gestehen.
Der Autor hat **einen neuen Roman geschrieben**. Ich muss es unbedingt lesen.
Ich muss bis nächste Woche **einen Aufsatz** über mein Heimatland **schreiben**.
Ich habe es schon immer geliebt, in meiner Freizeit **Gedichte** zu **schreiben**.
Ich habe mit 10 Jahren angefangen, **Lieder** zu **schreiben**.
Wir waren mit dem Personal unzufrieden. Wir werden **eine Beschwerde schreiben**.
Du musst den Absender **auf die Rückseite schreiben**.
Du kannst **den Betrag auf mein Konto schreiben**.

eine Postkarte schreiben: to write a postcard
aus dem Urlaub: from vacation
eine Nachricht schreiben: to write a message
jdm. seine Gefühle gestehen: to confess/reveal one's feelings to sb.

einen Roman schreiben: to write a novel
unbedingt: absolutely
einen Aufsatz schreiben: to write an essay
über mein Heimatland: about my country
ein Gedicht schreiben: to write a poem
ein Lied schreiben: to write a song
mit dem Personal unzufrieden sein: to be unsatisfied with the staff
eine Beschwerde schreiben: to write a complaint
der Absender -: sender
auf die Rückseite schreiben: to write on the back
einen Betrag auf ein Konto schreiben: to write an amount into an account

2.

an jdn. schreiben: to write to sb.
an etw.(D) schreiben: to work/write on sth.
über jdn./etw. schreben: to write about/of sb./sth.
von jdm./etw. schreiben: to write about sb./sth.
sich(D) (gegenseitig) Briefe schreiben: to write letters to each other

Ich **schreibe** gerade **eine Nachricht an meine Freundin**.
Ich muss **an das Finanzamt einen Brief schreiben**.
Seit Monaten **schreibe** ich **an meinem ersten Buch**.
Weißt du, was die Zeitungen **über den Vorfall schreiben**?
Sie hat mir **von dem Unfall geschrieben**.
Wie kommunizieren Sie? - Indem wir **uns Briefe schreiben**.

an meine Freundin schreiben: to write to my girlfriend
an das Finanzamt schreiben: to write to the tax office
einen Brief schreiben: to write a letter
an einem Buch schreiben: to work/write on a book
über einen Vorfall schreiben: to write about an incident
von dem Unfall schreiben: to write about the accident
kommunizieren: to communicate

3.

Bitte **schreib mir ab und zu**.
Seit meiner Kindheit **schreibe** ich **mit links**.
Ich muss das Formular ausfüllen. **Hast du etwas zu schreiben?**
Ich brauche **einen Kuli zum Schreiben**.
Mein Füller **schreibt nicht mehr**, weil die Patrone leer ist.
Wie schreibt man "Perspektive"? Kannst du das mal buchstabieren?

Mit der Hand zu schreiben dauert lange. Ich **schreibe** lieber **am Computer**.
Es **schreibt sich gut mit** diesem Kugelschreiber.
Der Arzt hat **mich arbeitsunfähig geschrieben**, weil ich unter starken Kopfschmerzen leide.

ab und zu schreiben: to write now and then (sometimes)
mit links schreiben: to write with the left
ein Formular ausfüllen: to fill out a form
Hast du etwas zu schreiben?: Do you have something to write?
einen Kuli zum Schreiben brauchen: to need a pen for writing
der Füller -: ink pen, fountain pen
Wie schreibt man ...?: ~How is ... written?
buchstabieren: to spell
mit der Hand schreiben: to write by hand
am Computer schreiben: to write on the computer
Es schreibt sich gut mit diesem Kugelschreiber. : It writes well with this pen.
jdn. arbeitsunfähig schreiben: to write sb. a sick note
unter einer Krankheit leiden: to suffer from an illness

51. lesen: to read
liest, las, hat gelesen

1.

Können Sie bitte leiser sprechen, ich **lese** gerade.
Der Schüler **liest den Text** auf der Seite 23.
Kannst du **den Satz** bitte **laut und deutlich lesen**?
Sie **liest ihre E-Mails**, die sie am Wochenende bekommen hat.
In meiner Freizeit **lese** ich gerne **Bücher**.
In meiner Jugend **las** ich viele **Liebesromane**.
Jeden Morgen **lese** ich vor der Arbeit **die Zeitung**.
Ich habe **eine Geschichte gelesen**, die auf einer wahren Begebenheit beruht.
Der Geldautomat kann **meine Bankkarte** nicht **lesen**.
Hast du **die Gebrauchsanweisung gelesen**?
Der Apotheker kann **die Schrift auf dem Rezept** nicht **lesen**.
Ich schreibe gerne in Druckschrift, weil sie **deutlicher** zu **lesen** ist.

laut und deutlich lesen: to read loud and clear
in meiner Jugend: in my youth, when I was young
eine Geschichte lesen: to read a story
auf etw.(D) beruhen: to be based on sth.
auf einer wahren Begebenheit beruhen: to be based on a true story / incident

die Gebrauchsanweisung lesen: to read instructions for use
die Schrift -en: (hand) writing, font, script
das Rezept -e: recipe
in Druckschrift schreiben: to write in block letters, to write sth. in print

2.

Ich **lese in einem Buch**, das Stephen King geschrieben hat.
Ein interessanter Zeitungsartikel! Darf ich **darin lesen**?
Lies das Buch von Anfang bis zum Ende. Es ist sehr spannend.
Ich habe **am Aushang gelesen**, dass der Bus alle 20 Minuten fährt.
Das Thema „Quantenphysik" ist sehr interessant. Ich habe schon viel **darüber gelesen**.
Es gab einen Artikel zum Thema Umweltschutz. Ich habe es **mit großem Interesse gelesen**.

der Zeitungsartikel -: newspaper article
ein Buch von Anfang bis zum Ende lesen: to read a book from start to finish
spannend: exciting
am Aushang lesen: to read on the notice board
alle 20 Minuten: every 20 minutes
der Umweltschutz: environmental protection
mit großem Interesse lesen: to read with great interest

3.

Sie kann **die Zukunft aus deiner Hand lesen**.
Man konnte **aus seinem Gesicht lesen**, dass er besorgt war.
Ich habe **aus ihrem Blick gelesen**, wie hasserfüllt sie war.
Woher weißt du das? Kannst du **Gedanken lesen**?
Sieh mal! Da ist **eine Spur im Schnee** zu **lesen**.
Das Buch **liest sich sehr fließend**.

jdm. die Zukunft aus der Hand lesen: to tell sb.'s future by reading sb.'s palm
aus dem Gesicht lesen: to read from the face
besorgt: worried, concerned
der Blick -e: sight, look
hasserfüllt: hateful
Gedanken lesen: to read minds/thoughts
eine Spur im Schnee: trace/trail in the snow
fließend: fluent, fluently

52. zeigen: to show
zeigt, zeigte, hat gezeigt

1.

jdm. etwas zeigen: to show sb. sth.

Zeigen Sie **den Gästen** bitte **ihre Zimmer**.
Ich habe eine große Briefmarkensammlung. Soll ich **sie dir zeigen**?
Können Sie mir zeigen, wo die Toilette ist?
Können Sie **mir den Weg** zur nächsten Apotheke **zeigen**?
Wir werden heute in der Schule mit meinen Klassenkameraden **ein Theaterstück zeigen**.
Kannst du **mir diesen Trick** noch einmal **zeigen**?
Das Baby **zeigte mit dem Finger auf die Babyflasche**.
Zeig mir bitte, wie das Gerät funktioniert.
Wenn du mich besuchen kommst, werde ich **dir meine Stadt** und **ihre Sehenswürdigkeiten zeigen**.

den Gästen ihre Zimmer zeigen: to show guests their rooms
eine Briefmarkensammlung zeigen: to show a stamp collection
Können Sie mir zeigen, wo ...? : Can you show me where ...?
den Weg zur nächsten Apotheke zeigen: to show the way to the nearest pharmacy

der Klassenkamerad -en: classmate
das Theaterstück: play
einen Trick zeigen: to show a trick
noch einmal zeigen: to show again
mit dem Finger auf jdn./etw. zeigen: to point at sb./sth.
Zeig mir bitte, wie das funktioniert. : Please show me how it works.
die Sehenswürdigkeiten zeigen: to show the sights

2.

Du musst **dein Interesse zeigen**, damit sie dich bemerkt.
Er ist sehr schüchtern und kann **seine Gefühle** nicht **zeigen**.
Sein Verhalten zeigte, dass er mir etwas verheimlichte.
Der Friseur hat meine Haare ruiniert. Ich möchte **mich** mit dieser Frisur nicht **in der Öffentlichkeit zeigen**.
Dir werde ich's noch zeigen!

Interesse (an jdn./etw.) zeigen: to show an interest (in sb./sth.)
jdn./etw. bemerken: to notice sb./sth.

schüchtern: shy
Gefühle zeigen: to show feelings
Sein Verhalten zeigt, dass ... : His behavior shows that ...
jdm. etwas verheimlichen: to conceal/hide sth. from sb., to keep sth. secret from sb.
der Friseur -e: hairdresser
ruinieren: to ruin
die Frisur -en: hairstyle
in der Öffentlichkeit zeigen: to show in public

3.

etwas zeigen (**anzeigen**: to show, to display)

Die Uhr an der Wand **zeigt fünf vor sechs.**
In welche Richtung zeigt der Kompass? - **Er zeigt nach Norden.**
Heute war das Wetter sehr heiß. **Das Thermometer zeigte 30 Grad.**

Die Uhr an der Wand zeigt fünf vor sechs. : The clock on the wall shows five to six.
die Richtung -en: direction
der Kompass -e: compass
nach Norden zeigen: to point north
heiß: hot

4.

sich(A) zeigen: to appear, to emerge
sich(A) irgendwie zeigen: to show oneself somehow

Ob das Wetter morgen schön wird, wird **sich** schon **zeigen**.
Sie **zeigte sich** sehr **freundlich** gegenüber anderen.
Der Arzt **zeigt sich besorgt** über den Zustand des Patienten.
Ich habe der alten Dame geholfen, die Straße zu überqueren. Sie hat **sich** sehr **dankbar gezeigt**.
Bei der mündlichen Prüfung werde ich **mich von meiner besten Seite zeigen**.

sich(A) freundlich zeigen: to show oneself friendly, to be friendly
sich(A) besorgt zeigen: to be concerned
über den Zustand des Patienten: about the patient's condition
die Straße überqueren: to cross the street
sich(A) dankbar zeigen: to show one's gratitude
bei der mündlichen Prüfung: at the oral exam
sich(A) von seiner besten Seite zeigen: to show oneself at one's best

53. erklären: to explain
erklärt, erklärte, hat erklärt

1.

jdm. etwas erklären: to explain sth. to sb.
jdm. etwas an etw.(D) erklären: to explain sth. to sb. using sth.

Kannst du **mir erklären**, wie das Spiel funktioniert?
Erklär mir bitte, wieso du so denkst?
Können Sie **mir die Aufgabe an einem Beispiel** erklären?
Die ganze Zeit versuche ich **dir** zu **erklären**, wie leid es mir tut.
Der Lehrer hat **uns die Regeln der Grammatik gründlich erklärt**.
Kannst du **mir genau erklären**, wie man diese Rechenaufgabe lösen kann?

die Aufgabe -n: question, problem, task, homework
etw. an einem Beispiel erklären: to explain sth. with an example
gründlich erklären: to explain thoroughly
genau erklären: to explain exactly
die Rechenaufgabe -n: arithmetic problem
lösen: to solve

2.

Sie hat mir die Chance gegeben, **mich ihr** zu **erklären**.
Wie **erklärt sich der Unterschied zwischen** Demenz und Alzheimer?
Ich erkläre mich einverstanden, dass meine Kontaktdaten gespeichert werden.
Der Schrank ist leicht aufzubauen. Die Anleitung **erklärt sich von selbst**.
Wie kam es zu einer Krise in dem Land? - Das **lässt sich** nicht **leicht erklären**.
Das **lässt sich** nicht mit ein paar Worten **erklären**.

sich(A) jdm. erklären: to explain oneself to sb.
der Unterschied zwischen ... : the difference between ...
sich(A) mit etw.(D) einverstanden erklären: to agree with sth.
Ich erkläre mich einverstanden, dass ... : I agree that ...
speichern: to save
Der Schrank ist leicht aufzubauen. : The cabinet is easy to set up.
die Anleitung -en: manual, instructions
es kommt zu etwas : it comes to sth. (it happens)
Das lässt sich nicht leicht erklären. : This can't be explained easy.

3.
etw. erklären / für etw. erklären:
to declare officially

Der vermisste Junge wurde **für tot erklärt**.
Die Bank hat mein Sparbuch **für ungültig erklärt**.
Nach dem Einspruch wurde die Wahl **für ungültig erklärt**.
Er wurde **für schuldig erklärt** und bekam eine Haftstrafe.
Der berühmte Marathonläufer wurde auch dieses Jahr **zum Sieger erklärt**.
Der Standesbeamte sagte: Hiermit **erkläre** ich **euch zu Mann und Frau**.
Deutschland **erklärte** Frankreich im Jahre 1914 **den Krieg**.
Ich erkläre an Eides statt, dass die Angaben richtig sind.

der vermisste Junge: the missing boy
jdn. für tot erklären: to declare sb. dead
das Sparbuch -"er: passbook, savings book
der Einspruch -"e: objection, appeal
die Wahl -en: election
etw. für ungültig erklären: to declare sth. invalid
jdn. für schuldig/unschuldig erklären: to find sb. guilty / not guilty
eine Haftstrafe bekommen: to get a prison sentence
der berühmte Marathonläufer: the famous marathon runner
jdn. zum Sieger erklären: to declare sb. the winner
der Standesbeamte -n: registrar, justice of the peace
Hiermit erkläre ich euch zu Mann und Frau. : I now pronounce you husband and wife.
jdm./einem Land den Krieg erklären: to declare war on sb./a country
der Eid -e: oath
an Eides statt (Genitiv): in lieu of an oath, instead of an oath
an Eides statt erklären : to declare solemnly, to declare in lieu of an oath
die Angabe -n: information, details, statement

54. beginnen: to begin
beginnt, begann, hat begonnen

1.

Wann **beginnt** der Film?
Das Spiel kann **beginnen**!
Es **beginnt** zu regnen. Nimm deinen Regenschirm mit.
In zwei Wochen **beginnen** die Herbstferien.
Wir haben noch viel Arbeit vor uns. Lasst uns sofort **beginnen**.
Ich begegnete ihm auf der Straße und **begann ein Gespräch mit ihm**.
Ich möchte in eine andere Stadt ziehen und dort **ein neues Leben beginnen**.

einen Regenschirm mitnehmen: to take an umbrella with one
die Herbstferien (pl.): autumn vacation
jdm. auf der Straße begegnen: to meet sb. on the street
mit jdm. ein Gespräch beginnen: to begin a conversation with sb.
in eine andere Stadt ziehen: to move to another city
ein neues Leben beginnen: to begin a new life

2.

Die Vorstellung hat um 18 Uhr **begonnen**.
Ich habe **begonnen**, ein interessantes Buch zu lesen.
Wann **begann** der erste Weltkrieg?
Als die Sonne schien, **begann** der Schnee zu schmelzen.
Sie **begann** zu verstehen, wie ernst die Lage war.

die Vorstellung -en: presentation, performance, showing, idea
der erste Weltkrieg: the first world war
als die Sonne schien: when the sun was shining
scheinen: to shin
der Schnee: snow
schmelzen: to melt
wie ernst: how serious
die Lage -n: situation; location, position

3.

mit etw. beginnen: to start sth.

Wann **beginnst** du **mit der Arbeit**?
Wann **beginnst** du **mit deiner Ausbildung** als Bankkauffrau?
Die Wohnung ist sehr durcheinander. Sollen wir **mit dem Aufräumen beginnen**?
Am 13. August 1961 hatten sie **mit dem Bau der Berliner Mauer begonnen**.

mit der Arbeit beginnen: to start work
die Ausbildung -en: apprenticeship, education
die Bankkauffrau -en: banking specialist (female)
durcheinander sein: to be in a mess
mit dem Aufräumen beginnen: to start cleaning up / tidying up
mit dem Bau beginnen: to start building
die Berliner Mauer: the Berlin Wall

55. anfangen: to begin, to start
fängt an, fing an, hat angefangen

1.

Morgen **fängt** die Schule wieder **an**.
Fängst du **bei der Firma Bayer als** Chemikant **an**?
Das Konzert **fängt** gleich **an**. Ich bin so gespannt darauf!
Ich möchte abnehmen, aber weiß nicht, wie ich **damit anfangen** soll.
Nächste Woche fange ich an zu arbeiten.

gespannt: curious, excited
abnehmen: to lose weight

2.

Wir **fangen an**, im Sprachkurs Spanisch zu lernen.
Wann haben Sie **angefangen**, Deutsch zu lernen?
Als Unternehmen haben wir **klein angefangen**.
Hast du **angefangen**, für deine Prüfung zu lernen?
Ich habe **angefangen**, nach einer anderen Arbeit zu suchen.

der Sprachkurs -e: language course

das Unternehmen -: company
klein anfangen: to begin in a small way
für die Prüfung lernen: to learn for the exam
nach etw.(D) suchen: to search/look for sth.

3.

mit etw. anfangen: to start sth. / with sth.

Jetzt **fängst** du schon wieder **mit dem Thema an**!
Du hast als Erstes **mit dem Streit angefangen**.
Entschuldigt meine Verspätung. Habt ihr schon **mit dem Essen angefangen**?
Ich weiß nicht, was ich **mit dem Geld anfangen soll**.
Manchmal weiß ich nicht, was ich **mit meinem Leben anfangen soll**.

Meine Tasche ist zerrissen. Ich kann **damit nichts mehr anfangen**.
Immer wieder **fängt** er **an, von Fußball** zu **reden**.
Du hast die Matheaufgabe falsch gelöst. **Fang** noch mal **von vorne an**.
Ich habe **von ganz unten angefangen** und mich mit der Zeit hochgearbeitet.

als Erstes: first
mit dem Streit anfangen: to start the argument / dispute
die Verspätung -en: delay
mit dem Essen anfangen: to start eating
Ich weiß nicht, was ich mit dem Geld anfangen soll. :
I don't know what to do with the money.
Manchmal weiß ich nicht, was ich mit meinem Leben anfangen soll. :
Sometimes I don't know what to do with my life.

zerrissen: torn
Jemand kann mit etw. nichts (mehr) anfangen. : Sth. is (of) no use to sb. (anymore).
immer wieder anfangen von Fußball zu reden: to always start talking about football
die Matheaufgabe lösen: to solve the math problem
von vorne anfangen: to start from strach, to start over
von unten anfangen: to start from the bottom
sich(A) hocharbeiten: to work one's way up

56. aufhören: to stop, to end
hört auf, hörte auf, hat aufgehört

1.

aufhören, etw **zu** tun: to stop doing sth.

Hör doch endlich **auf** <u>zu singen</u>!
Hört endlich **auf**, <u>euch zu streiten</u>!
Ich werde nie **aufhören**, <u>dich zu lieben</u>.
Wann **hört** es endlich **auf** <u>zu regnen</u>!
Es hat **aufgehört** <u>zu schneien</u>.
Hören Sie **auf**, <u>andere Menschen zu kritisieren</u>!
Kinder, **hört** bitte **auf**, <u>euch gegenseitig zu schubsen</u>!
Ich kann nicht **aufhören**, <u>an dich zu denken</u>.
Hör auf <u>mit mir zu diskutieren</u>!
Hör auf <u>zu schmatzen</u>! Du gehst mir damit auf die Nerven!

endlich: finally
sich(A) streiten: to fight, to argue
nie: never
schneien: to snow
andere Menschen kritisieren: to criticize other people
jdn. schubsen: to shove/push sb.
an jdn. denken: to think about sb.
mit jdm. diskutieren: to have a discussion with sb.
schmatzen: to eat/drink noisily
jdm. auf die Nerven gehen: to get on sb.'s nerves

2.

Um 15:00 Uhr habe ich **mit der Arbeit aufgehört**.
Wann hast du vor, **mit dem Rauchen aufzuhören**?
Mir geht es gesundheitlich nicht gut. Ich sollte lieber **mit dem Alkohol aufhören**.

mit der Arbeit aufhören: to finish work
vorhaben, etw. **zu** tun: to intend/plan to do sth.
mit dem Rauchen aufhören: to stop smoking
gesundheitlich: as regards health, health
lieber: rather
mit dem Alkohol aufhören: to stop drinking alcohol

57. reden: to talk
redet, redete, hat geredet

1.

mit jdm. über etw./jdm. reden: to talk to sb. about sb./sth.
von jdm./etw. reden: to speak of sb./sth.

Ich will nicht mehr **mit dir reden**.
Schau mich an, wenn ich **mit dir rede**!
Rede nicht **in diesem Ton mit mir**.
Wir haben **die ganze Nacht miteinander geredet**.
Ich kann **mit dir über alles reden**.
Mit dir kann man **viel Unsinn reden**.
Ich muss **mit meinem Chef über die Urlaubsplanung reden**.
Ich verstehe nicht. Bitte **rede etwas deutlicher**!

Schau mich an, wenn ... : Look at me, when...
jdn. anschauen: to look at sb.
die ganze Nacht miteinander reden: to talk to each other all night
mit dir über alles reden: to talk to you about everything
Unsinn reden: to talk nonsense
deutlicher reden: to talk more clearly

2.

Der Lehrer hat heute **über die Ozonschicht geredet**.
Alle **reden über den Rücktritt des Bundespräsidenten**.
Es ist nicht richtig, dass du **schlecht über sie redest**.
Er ist so arrogant. Er könnte **stundenlang über sich selbst reden**.
Darf ich wissen, **worüber** ihr **redet**?
Bitte **reden** wir nicht mehr **darüber**. Es macht mich traurig.
Von wem redest du die ganze Zeit?
Die Frau, **von der** du **redest**, ist meine Nachbarin.
Rede nicht so viel **von dir selbst**.

die Ozonschicht: the ozone layer
der Rücktritt des Bundespräsidenten: resignation of the President
über jdn. schlecht reden: to say bad things about sb.
stundenlang über sich selbst reden: to talk about oneself for hours
jdn. traurig machen: to make sb. sad
von sich(D) selbst reden: to talk about oneself

3.

Ich will **mit dir unter vier Augen reden**.
Heute wird die Kanzlerin **im Fernsehen reden**.
Mein Arbeitskollege hat **hinter meinem Rücken über mich geredet**.
Reden ist Silber, Schweigen ist Gold.
Sie hat während ihrer Arbeit **vor sich hin geredet**.
Er **redet** immer **mit seinen Händen**.
Ich möchte etwas dazu sagen, nachdem du **zu Ende geredet** hast.
Der Professor hat **sich** heute in der Vorlesung **heiser geredet**.
Wir schaffen das schon. - **Du hast gut reden!**
Dieser Film wird noch lange **von sich reden machen**.

mit jdm. unter vier Augen reden: to talk to sb. in private
die Kanzlerin -nen: chancellor (female)
der Arbeitskollege -n: workmate, colleague
über jdn. hinter seinem/ihrem Rücken reden:
to talk about sb. behind his/her back
das Silber: silver
schweigen: to remain silent
während ihrer Arbeit: during her work
vor sich hin reden: to talk to oneself
mit Händen reden: to talk with hands
zu Ende reden: to finish talking
sich(A) heiser reden: to talk oneself hoarse
die Vorlesung -en: lecture
Wir schaffen das schon. : We can do it.
Du hast gut reden! : It's easy for you to talk.
(lange) von sich(D) reden machen:
to become (for a long time) a talking point
to be talked (for a long time)

58. treffen: to meet, to hit, to strike
trifft, traf, hat getroffen

1.

jdn. treffen: to meet sb.

Ich muss **ihn unbedingt treffen**.
Gestern habe ich **zufällig deinen Bruder getroffen**.
Was für ein Zufall, dass ich **dich** hier **treffe**.
Rate mal, **wen** ich gestern **in der Stadt getroffen** habe!

jdn. unbedingt treffen: to meet sb. absolutely
jdn. zufällig treffen: to meet sb. by chance
was für ein Zufall: what a coincidence
raten: to guess
rate mal: guess what
jdn. in der Stadt treffen: to meet sb. in the city

2.

sich(A) mit jdm. treffen: to meet sb.

Wo und wann treffen wir **uns**? - So gegen 11 Uhr im Café.
Ich freue mich darauf, **uns** morgen zu **treffen**.
Ich habe **mich** am Wochenende **mit meiner Freundin getroffen**.
Wir **treffen uns** jeden Samstag **mit Freunden** und unternehmen etwas gemeinsam.
Wir **treffen uns** jeden Morgen **an der Bushaltestelle** und fahren zusammen zur Arbeit.

sich(A) auf etw. freuen: to look forward to sth.
sich(A) am Wochenende mit meiner Freundin treffen: to meet my girlfriend on the weekend
sich(A) jeden Samstag mit Freunden treffen: to meet friends every Saturday
etwas unternehmen: to do sth.
sich(A) jeden Morgen an der Bushaltestelle treffen: to meet every morning at the bus stop

3.

jdn./etw. irgendwo(hin) treffen

Er hat einen Stein geworfen und **mich am Kopf getroffen**.
Die hübsche Dame hat **mich mitten ins Herz getroffen**.
Wetten, dass ich **die Mitte der Zielscheibe treffen** kann.
Als ich ihm den Ball zuwerfen wollte, habe ich **ihn** aus Versehen **am Kinn getroffen**.

einen Stein werfen: to throw a stone
jdn. am Kopf treffen: to hit sb. on the head
jdn. ins Herz treffen: to hit sb. in the heart.
mitten ins Herz: right in the heart

die Mitte der Zielscheibe treffen: to hit the center of the target
jdm. den Ball zuwerfen: to throw the ball to sb.
jdn. am Kinn treffen: to hit someone on the chin
aus Versehen: by mistake

4.

Du musst jetzt **eine klare Entscheidung treffen**.
Der plötzliche Tod meines Onkels hat **uns alle** sehr **getroffen**.
Das Essen war köstlich! Du hast **meinen Geschmack getroffen**.
Der Fußballspieler hat in der zweiten Halbzeit **ins Tor getroffen**.
Er kann nichts dafür, dass sie an dem Unfall gestorben ist. Es **trifft ihn keine Schuld**.

eine Entscheidung treffen:
to make a decision
klar: clear
der Tod -e: death
plötzlich: suddenly
jdn. sehr treffen: to affect sb. very much

uns alle: all of us
köstlich: delicious
in der zweiten Halbzeit: in the second half
den Ball ins Tor treffen: to kick the ball into the net
es trifft jdn. keine Schuld: ~It's not his fault.

5.

Es trifft sich gut, dass du auch hier bist.
Es traf sich gut, dass ich ihn endlich kennenlernen konnte.
Das Hotel hat noch ein Zimmer frei. **Das trifft sich gut!**
Ich habe 2 Tickets für das Konzert. Möchtest du mitkommen?
- Gerne. **Das trifft sich ausgezeichnet!**

es trifft sich gut, dass ... : it is very convenient, that ...

6.

Hast du **Maßnahmen** zum Schutz gegen Einbrecher **getroffen**?
Triff eine Vereinbarung mit dem Vermieter, bevor du in der Wohnung Umbauarbeiten durchführst.

Maßnahmen treffen: to take measures
die Maßnahme -n: measure
der Schutz: protection
der Einbrecher -: burglar
eine Vereinbarung mit jdm. treffen: to make an agreement with sb.
die Umbauarbeiten (pl.): renovations
durchführen: to perform sth., to carry out, to do

59. kaufen: to buy
kauft, kaufte, hat gekauft

1.

Wir **kaufen unser Brot** immer in der Bäckerei nebenan.
Frisches Obst und Gemüse kaufe ich am liebsten auf dem Markt.
Wir haben beschlossen, **ein Haus mit Garten** zu **kaufen**.
Hast du vergessen, **Marmelade** zu **kaufen**?
Ich kann es mir nicht leisten, **eine teure Uhr** zu **kaufen**.
Ich sehe mich nur um. Ich möchte **nichts kaufen**.
Dieser Preis gilt nur dann, wenn Sie **mit der Kundenkarte kaufen**.
Da es viel günstiger ist, **kaufe** ich **meine Klamotten** meistens online.

das Brot -e: bread
in der Bäckerei kaufen: to buy in the bakery
nebenan: next door
frisches Obst und Gemüse kaufen: to buy fresh fruit and vegetables
beschließen, etwas zu tun: to decide to do sth.
ein Haus mit Garten kaufen: to buy a house with a garden
sich(D) etw. leisten können: to be able to afford sth.
sich(A) umschauen: to look around
gelten: to be valid, to apply
mit der Kundenkarte kaufen: to buy with the customer card
günstiger: more favorable; cheaper
Klamotten kaufen: to buy clothes
meistens online kaufen: to buy online mostly

2.

sich(D) etw. kaufen: to buy (oneself) sth.
jdm. etw. kaufen: to buy sb. sth.
etw. für jdn. kaufen: to buy sth. for sb.
etw. von etw. kaufen: to buy sth. from sth.

Wann hast du **dir das gekauft**?
Ich habe **meiner Mutter einen Blumenstrauß** zum Muttertag **gekauft**.
Ich möchte **meiner Freundin ein Geschenk** zum Geburtstag **kaufen**.
Ich habe nicht genug Geld, um **mir die Schuhe** zu **kaufen**.
Ich **kaufte eine Tafel Schokolade** für **meine Tochter**.
Die Aufladekarte kannst du **dir** auch an der Tankstelle oder im Drogeriemarkt **kaufen**.
Ich möchte **diesen Fernseher auf Raten kaufen**.
Er hat **sein neues Fahrrad** von **seinem Taschengeld gekauft**.

der Blumenstrauß -"e: bunch of flowers
ein Geschenk zum Geburtstag kaufen: to buy a birthday present
eine Tafel Schokolade kaufen: to buy a bar of chocolate
die Aufladekarte -n: top-up card, refill card
an der Tankstelle oder im Drogeriemarkt kaufen: to buy at the gas station or in the drugstore
die Rate -n: installment
auf Raten kaufen: to buy in installments
das Taschengeld -er: pocket money

60. bezahlen: to pay
bezahlt, bezahlte, hat bezahlt

1.
Ich möchte gern **bezahlen**.
Möchten Sie **mit Kreditkarte oder bar bezahlen**?
Ich **bezahle** lieber **mit Kreditkarte**, weil ich kein Bargeld dabeihabe.
Möchten Sie die Ware **bar** oder **mit einem Scheck bezahlen**?
Ich kann das nicht **bezahlen**, weil das zu teuer ist.
Muss ich die Ware **im Voraus bezahlen**?
Ich **bezahlte die Rechnung** vom letzten Monat **per Überweisung**.
Du bekommst eine Mahnung, wenn du die Rechnung nicht **fristgerecht bezahlst**.
Es kann zu Schwierigkeiten kommen, wenn du **deine Miete** nicht **rechtzeitig bezahlt**.
Mach dir keine Sorgen! Ich werde **alle meine Schulden bezahlen**.

mit Kreditkarte bezahlen: to pay by credit card
bar bezahlen: to pay cash
mit einem Scheck bezahlen: to pay by check
die Ware -n: article, product, goods
im Voraus bezahlen: to pay in advance
eine Rechnung bezahlen: to pay a bill / an invoice
per Überweisung bezahlen: to pay by bank transfer
eine Mahnung bekommen: to get a reminder
fristgerecht: within the stipulated period
fristgerecht bezahlen: to pay on time
die Miete bezahlen: to pay the rent
rechtzeitig bezahlen: to pay on time
die Schuld -en: debt
Schulden bezahlen: to pay debt

2.

Du wirst **in deinem Beruf gut bezahlt**.
Dieser Beruf ist für mich uninteressant, da es **schlecht bezahlt** wird.
Er hat die Flucht von der Polizei **mit seinem Leben bezahlt**.
Ich möchte den Laptop lieber **in zwölf Raten bezahlen**.
Der Arbeiter klagt darüber, dass er nicht **nach Tarif bezahlt** wird.
Sein Beruf wird **hoch bezahlt**.

gut / schlecht / hoch bezahlt <u>sein</u>: <u>to be</u> well-paid / low-paid / highly-paid
gut / schlecht / hoch bezahlt <u>werden</u>: <u>to be paid</u> well / low / highly
uninteressant: uninteresting
die Flucht von der Polizei: the escape from the police
über etw. klagen: to complain about sth.
nach/über/unter Tarif: according to/above/below the negotiated rate
in zwölf Raten bezahlen: to pay in twelve installments

61. zahlen: to pay
zahlt, zahlte, hat gezahlt

1.

etw. zahlen: to pay sth.
für jdn./etw. zahlen: to pay for sb./sth.
jdm. etw. zahlen: to pay sb. sth.
an jdn./etw. zahlen: to pay to sb./sth.

Wie viel **Miete zahlt** ihr?
Ich möchte bitte zahlen!
Ich **zahle den Kaffee** und **die Brötchen**.
Er hat **200 Euro für das Handy gezahlt**.
Ich musste **50 Euro Strafe zahlen**, weil ich keinen Fahrschein für die Fahrt hatte.
Kannst du **mir mein Getränk zahlen**? Ich habe nicht genügend Geld dabei.
Hast du schon **die Kaution an den Vermieter gezahlt**?
Ich habe **die Steuern an das Finanzamt gezahlt**.
Nachdem ich die Ware erhalten hatte, **zahlte ich das Geld an die Firma**.

die Miete zahlen: to pay the rent
das Brötchen -: bun, bread roll
200 Euro für das Handy zahlen: to pay 200 euros for the cell phone
50 Euro Strafe zahlen: to pay 50 euros fine
der Fahrschein -e: ticket

jdm. ein Getränk zahlen: to pay sb. a drink
genügend Geld dabeihaben: to have enough money on oneself
die Kaution an den Vermieter zahlen: to pay the deposit to the landlord
die Steuern an das Finanzamt zahlen: to pay the taxes to the tax office
die Steuer -n: tax
die Ware -n: article, product, goods
erhalten: to recieve
das Geld an die Firma zahlen: to pay the money to the company

2.

Ich möchte **den Betrag per Überweisung zahlen**.
Zahlen Sie **bar oder mit Kreditkarte**?
Sie können **Ihre Rechnung in Raten zahlen**.
Der Kunde möchte **mit einem Scheck zahlen**.
Sie können **die Miete für ein Jahr im Voraus zahlen**.
Ich muss **jeden Monat 180 EUR für die Versicherung zahlen**.
Das Unternehmen, in dem ich tätig bin, **zahlt über Tarif**.
Der Mitarbeiter wurde gekündigt. Der Arbeitgeber wird **ihm** noch **eine Abfindung zahlen**.

per Überweisung zahlen: to pay by bank transfer
den Betrag per Überweisung zahlen: to pay the amount by bank transfer
bar zahlen: to pay cash
mit Kreditkarte zahlen: to pay with credit card
die Rechnung -en: bill, invoice
in Raten zahlen: to pay in installments
eine Rechnung in Raten zahlen: to pay a bill in installments
durch einen / mit einem Scheck zahlen: to pay by check
im Voraus zahlen: to pay in advance
jeden Monat 180 EUR für die Versicherung zahlen:
to pay 180 euros for insurance every month
das Unternehmen -: company
tätig: employed
der Mitarbeiter -: employee, member of staff, co-worker
kündigen: to resign, to dismiss, to quit, to terminate
der Arbeitgeber -: employer
jdm. eine Abfindung zahlen: to pay sb. a severance payment

62. kosten: to cost
kostet, kostete, hat gekostet

1.

Wie viel kostet diese Lampe? - Sie **kostet 29 €**.
Können Sie mir bitte sagen, **was das kostet**?
Das Buch ist im Angebot und **kostet nur 10€**.
Die Reparatur meines Autos wird **etwa 400€ kosten**.

Wie viel kostet diese Lampe?: How much does this lamp cost?
die Lampe -n: lamp
das Buch im Angebot: the book on sale
die Reparatur meines Autos: the repair of my car

2.

jdn. etw. kosten: to cost sb. sth.

Mein neues Auto hat **mich 25.000 EUR gekostet**.
Wie viel würde **mich** eine Reise ins Ausland **kosten**?
Die Renovierung des Hauses hat **uns viel gekostet**.
Es hat **mich einige Zeit gekostet**, ihn zu überreden.
Mein letzter Urlaub mit der Familie **kostete mich ein Vermögen**.
Die Vorbereitung auf die Aufführung hat **uns einen Monat gekostet**.
Das Gemälde zu malen hat **mich 3 Tage gekostet**.
Die Waschmaschine ist gebraucht. Sie hat **mich nicht viel gekostet**.
Der Untergang der Titanic kostete **viele Menschen das Leben**.

eine Reise ins Ausland: a trip abroad
die Renovierung des Hauses: the renovation of the house
uns viel kosten: to cost us a lot
mich einige Zeit kosten: to take me some time
jdn. überreden: to persuade sb.
mich ein Vermögen kosten: to cost me a fortune
die Vorbereitung auf die Aufführung: preparation for the performance
etwas kostet jdn. einen Monat: sth. costs sb. one month
das Gemälde -: painting
malen: to paint
gebraucht: used
der Untergang der Titanic: the sinking of the Titanic
jdn. das Leben kosten: to cost sb.'s life / to be the death of sb.

3.

Es wird **etwas Zeit kosten**, bis ich mich an die neue Wohnung gewöhnt habe.
Ich werde es riskieren. **Koste es, was es wolle**!

sich(A) an jdn./etw. gewöhnen: to get used to sb./sth.
riskieren: to risk
Koste es, was es wolle! : Whatever the cost!

63. ziehen: to pull, to drag, to move
zieht, zog, hat/ist gezogen

1.

jdn./etw. ziehen: to pull sb./sth.
jdn./etw. aus etw. ziehen: to pull sb./sth. out of sth.
jdn./etw. aus irgendwohin ziehen: to pull sb./sth. from somewhere
jdn./etw. von etw. ziehen: to pull sb./sth off sth.

Die Stiefel sind mir zu eng. Ich kann **sie** schwer **vom Fuß ziehen**.
Ich kann **den Ring** nicht **vom Finger ziehen**. Anscheinend ist er mir etwas klein.
Nach dem Unfall **zog** ich **den Verletzten aus seinem Auto**.
Der **Schlitten** wurde von insgesamt sechs Hunden **gezogen**.
Als die Mutter das Auto kommen sah, **zog** sie **ihr Kind von der Straße**.
Der betrunkene Fahrer wurde von der Polizei **aus dem Verkehr gezogen**.
Mein Bruder hat **mich an den Ohren gezogen**. Es hat mir sehr wehgetan.
Das Kind **zieht die Mutter am Ärmel** und fragt: „Was gibt es zu essen?"

der Stiefel -: boot
zu eng: too tight
den Stiefel vom Fuß ziehen: to pull the boot off the foot
den Ring vom Finger ziehen: to pull the ring off the finger
anscheinend: apparently
nach dem Unfall: after the accident
der Schlitten -: sledge
Schlitten ziehen: to pull sledge
insgesamt: altogether
das Auto kommen sehen: to see the car coming
betrunken: drunk
der Verkehr: traffic
jdn. an den Ohren ziehen: to pull sb.'s ears
die Mutter am Ärmel ziehen: to pull the mother by the sleeve

2.

jdn./etw. irgendwohin(A) ziehen: to pull sb./sth. somewhere

Er zog **sie an sich** und küsste sie.
Er möchte **mich auf seine Seite ziehen**.
Sie **zieht ihren Stuhl** näher **an den Tisch** und beginnt mit dem Essen.
Sie **zieht** mit ihrem eleganten Kleid **die Aufmerksamkeit auf sich**.
Mit diesem Anzug werden Sie **alle Blicke auf sich ziehen**.

jdn. an sich(A) ziehen: to pull sb. close
küssen: to kiss
jdn. auf seine Seite ziehen: to get sb. on one's side
Stühle an den Tisch ziehen: to pull chairs to the table
die Aufmerksamkeit auf sich(A) ziehen: to attract attention
der Anzug -"e: suit
der Blick -e: look
alle Blicke auf sich(A) ziehen: to attract attention

3.

Der Polizist **zog seine Pistole** und schoss.
Der Mann hat **den Handwagen durch den Park gezogen**.
Den Fahrschein für die Bahn kannst du **am Ticketautomaten ziehen**.
Du musst zuerst das Geld in den Automaten einwerfen, um **die Zigaretten ziehen** zu können.

die Pistole -n: gun
schießen: to shoot
der Handwagen -: handcart
einen Handwagen durch den Park ziehen:
to pull a handcart through the park
der Ticketautomat -en: ticket machine
einen Fahrschein aus dem / am Automaten ziehen:
to get (buy) a ticket from the machine
einwerfen: to throw in, to insert
Zigaretten am Automaten ziehen:
to get (buy) cigarettes from the machine

4.

nach irgendwo ziehen: to move to somewhere
zu jdm. ziehen: to move to sb., to move in with sb.
in eine Wohnung ziehen: to move into an apartment

Ich **ziehe nach Berlin**, um dort zu arbeiten.
Vor zwei Monaten bin ich **nach Hamburg zu meiner Schwester gezogen**.
Nächstes Jahr haben wir vor, gemeinsam **in eine Wohnung** zu **ziehen**.

nach Berlin ziehen: to move to Berlin
vorhaben, etw. zu tun: to plan to do sth.

5.

Die Soldaten sind bereit, **in den Krieg zu ziehen**.
Der **Nebel zieht über die Felder**.
Der leckere Geruch aus dem Ofen **zieht durch die ganze Wohnung**.

in den Krieg ziehen: to go to war
der Nebel -: fog, mist
das Feld -er: field
über die Felder ziehen: ~to move over the fields
der leckere Geruch aus dem Ofen: the delicious smell from the oven

6.

Lass mich mal **an deiner Zigarette ziehen**.
Trotz schwieriger Bedingungen hat sie **ihre Kinder** gut **gezogen**.
Die Blumen auf dem Balkon habe ich **selbst gezogen**.
Nach Deutschland zieht mich nichts mehr, obwohl ich dort geboren und aufgewachsen bin.
Das Land zieht viele Touristen, weil es viele Sehenswürdigkeiten besitzt.

an einer Zigarette ziehen: to have a puff on a cigarette
trotz schwieriger Bedingungen: despite difficult conditions
ein Kind ziehen (erziehen): to raise a child:
Blumen ziehen: to grow flowers
geboren: born
aufwachsen: to grow up
die Sehenswürdigkeiten (pl.): sights, places of interest
besitzen: to have

7.

Gestern hat **mir** der Zahnarzt **einen Zahn gezogen**.
Meine Fäden werden zwei Wochen nach der Operation **gezogen**.
Es zieht mir im Rücken.
Mach das Fenster bitte zu. **Es zieht!**
Der Rhein **zieht sich durch ganz Deutschland**.

jdm. einen Zahn ziehen: to pull sb.'s tooth
der Faden -": stitch; thread
(es zieht jdm. irgendwo) Es zieht mir im Rücken. : I've got backache.
das Fenster zumachen: to close the window
Es zieht. : There is a draught.
sich(A) ziehen (Gebirge, Flüsse usw.): to run
sich(A) durch ganz Deutschland ziehen: to run through all of Germany

8.

Es ist windig. **Zieh dir einen Pullover** über das Hemd.
Ich habe gelernt, **aus manchen Situationen einen Vorteil zu ziehen**.
Mein Auto zieht nicht richtig. Ich muss zur Werkstatt fahren.
Weil sie beleidigt war, **zog sie ihr Gesicht**.
Dieser Trick zieht immer. Versuch es mal!
Bevor du den Tee trinkst, muss er noch **fünf Minuten ziehen**.

windig: windy
Zieh dir einen Pullover über das Hemd. : Put on a sweater over the shirt.
aus manchen Situationen einen Vorteil ziehen: to take advantage of some situations
die Werkstatt -"en: workshop, car service station
beleidigt: offended
ein Gesicht ziehen: to pull/make a face (to be upset)
versuch es mal: try it (once)

64. bauen: to build
baut, baute, hat gebaut

1.

Die Kinder haben am Strand **eine Sandburg gebaut**.
Den Schrank selbst zu **bauen** ist ganz einfach.
Lass uns **das Zelt bauen**, bevor es dunkel wird.
Er **baute** im Garten **eine kleine Hundehütte**.
Die Stadt **baute eine Brücke** über den Rhein.
Der Bauer **baute einen Zaun um den Hof**.
Wir suchen ein Grundstück, auf dem wir **ein Haus bauen** können.
Auf dem Land werden **zu viele Häuser gebaut**.
Die Autobahn wird schon seit letztem Jahr **gebaut**.
Im kommenden Jahr **wird ein neuer Flughafen gebaut**.

am Strand: at the beach
eine Sandburg bauen: to build a sandcastle
einen Schrank bauen: to build a closet
ein Zelt bauen: to build a tent
bevor es dunkel wird: before it gets dark
die Hundehütte -n: doghouse
eine Brücke bauen: to build a bridge
einen Zaun um den Hof bauen: to build a fence around the yard
das Grundstück -e: plot of land
ein Haus bauen: to build a house
auf dem Land: in the countryside
einen Flughafen bauen: to build an airport

2.

Mein Freund **ist** groß und **gut gebaut**.
Ich muss zugeben, dass ich **Mist gebaut** habe.
Wie viele Bauarbeiter **bauen an dem Gebäude**?
- 50 Bauarbeiter **bauen daran**.

gut gebaut sein: to be well-built
zugeben: to admit
Mist bauen: to mess things up, to screw up
an etwas(D) bauen: to work on sth.
das Gebäude -: building

65. fühlen: to feel
fühlt, fühlte, hat gefühlt

1.

Ich **fühlte** nach der Krankengymnastik **keine Schmerzen** mehr.
Fühlen Sie Schmerzen, wenn ich **Ihre Wunde anfasse**?
Fühl mal, ob das Wasser im Becken warm genug ist.
Ich habe heute schwere Einkaufstüten getragen. Jetzt **fühle** ich **einen Schmerz im Rücken**.

die Krankengymnastik: physiotherapy
der Schmerz -en: pain
Schmerzen fühlen: to feel pain
die Wunde -n: wound
anfassen: to touch
das Becken -: sink, basin, pool
die Einkaufstüte -n: grocery bag, shopping bag
tragen: to carry
einen Schmerz im Rücken fühlen: to feel a pain in the back

2.

Ich bemerkte durch sein Verhalten, dass er **Liebe zu mir fühlt**.
Seit einem Monat gehe ich ins Fitnessstudio. Ich **fühle** schon **die Kraft in mir**.
Seitdem seine Mutter verstorben ist, geht es ihm sehr schlecht. Ich **fühle Mitleid mit ihm**.
Die Krankenschwester **fühlte meinen Puls** am Handgelenk.

durch sein Verhalten bemerken: to notice from his behavior
Liebe zu jdm. fühlen: to feel love for sb.
die Kraft in sich(D) fühlen: to feel the strength in oneself
versterben: to pass away, to die
Mitleid mit jdm. fühlen: to feel sympathy/pity for sb.
den Puls fühlen: to feel sb.'s pulse
die Krankenschwester -n: nurse
das Handgelenk -e: wrist

3.

sich(A) fühlen: to feel

Wie **fühlst** du **dich**? / Wie **fühlen** Sie **sich**?
Ich **fühle mich fremd** in diesem Land.
Ohne meine Freunde würde ich **mich einsam fühlen**.
Ich **fühle mich häufig unglücklich** in meiner Beziehung.
Er **fühlt sich schuldig**, weil er seine Freundin gekränkt hat.
Du musst **dich** nicht **für alles verantwortlich fühlen**.
Der Autofahrer **fühlte sich verantwortlich für den Unfall**.

Nach der Massage habe ich **mich wie neugeboren gefühlt**.
Nachdem er aus dem Gefängnis entlassen wurde, **fühlte** er **sich wieder frei**.
Ich habe **mich** durch seine frechen Kommentare **beleidigt gefühlt**.
Der Verkäufer hat zu viel Geld für das Auto verlangt. Ich habe **mich betrogen gefühlt**.
Ich **fühle mich verpflichtet**, ihn anzurufen und die Wahrheit zu sagen.

fremd: strange
sich(A) fremd fühlen: to feel like a stranger
sich(A) einsam fühlen: to feel lonely
häufig: often
sich(A) unglücklich fühlen: to feel unhappy
in meiner Beziehung: in my relationship
sich(A) schuldig fühlen: to feel guilty
jdn. kränken: to hurt sb.'s feelings
sich(A) für jdn./etw. verantwortlich fühlen: to feel responsible for sb./sth.
sich(A) für den Unfall verantwortlich fühlen: to feel responsible for the accident

sich(A) wie neugeboren fühlen: to feel like new born
jdn. aus etw.(D) entlassen: to release sb. from sth.
aus dem Gefängnis entlassen: to release from prison
sich(A) wieder frei fühlen: to feel free again
durch seine frechen Kommentare: through his cheeky comments
sich(A) beleidigt fühlen: to feel offended
zu viel Geld verlangen: to demand too much money
sich(A) betrogen fühlen: to feel cheated
sich(A) verpflichtet fühlen, etwas zu tun: to feel obliged to do sth.

66. bringen: to bring
bringt, brachte, hat gebracht

1.

etwas bringen: to bring sth.
jdm. etwas bringen: to bring sb. sth.

Bring mir das Besteck aus der Schublade.
Der Kellner **brachte das Essen auf den Tisch**.
Mein Armband **bringt mir** an schwierigen Tagen **Glück**.
Ich habe **dir eine gute Nachricht gebracht**. Bist du bereit, sie zu hören?

das Besteck bringen: to bring the cutlery
das Armband -"er: bracelet
jdm. Glück bringen: to bring sb. luck
jdm. eine gute Nachricht bringen: to bring sb. good news

2.

jdn. irgendwohin bringen: to take sb. somewhere

Du kannst um diese Uhrzeit nicht allein gehen. Ich **bring dich** schon **nach Hause**.
Es ist schon spät geworden. Kannst du bitte **die Kinder ins Bett bringen**?
Nachdem ich meine Tochter **in die Schule gebracht** hatte, ging ich ins Fitnessstudio.
Mein Vater fliegt morgen nach Australien. Er hat mich gebeten, **ihn zum Flughafen** zu **bringen**.

jdn. nach Hause bringen: to take sb. home
die Kinder ins Bett bringen: to put the kids to bed
meine Tochter in die Schule bringen: to take my daughter to school
ins Fitnessstudio gehen: to go to the gym
jdn. zum Flughafen bringen: to take sb. to the airport
jdn. um etwas bitten: to ask sb. for sth.

3.

Das bringt nichts.
Was bringt uns das neue Gesetz?
Ich werde **die Lage** wieder **in Ordnung bringen**.
Die Firma hat vor, **ein neues Handy auf den Markt** zu **bringen**.
Ich bekomme viele Komplimente von ihm. Er bringt **mich in Verlegenheit**.
Ich muss mein Haustier weggeben, aber ich **bringe es nicht über das Herz**.

Das bringt nichts. : *It's pointless / useless.*
das Gesetz -e: *law*
die Lage -n: *situation; location, position*
in Ordnung bringen: *to put in order, to fix, to sort out*
vorhaben, etw. zu tun: *to plan to do sth.*
etwas auf den Markt bringen: *to launch sth., to release sth*
jdn. in Verlegenheit bringen: *to put sb. in an embarrassing situation*
ein Haustier weggeben: *to give away a pet*
es nicht übers Herz bringen, etw. zu tun: *to not have the heart to do sth.*

4.

Ich wünsche mir, **ein Kind zur Welt** zu **bringen**.
Du **bringst mich** mit deinem Meckern **auf die Palme**!
Du hast **mich auf eine gute Idee gebracht**.
Der Witz von mir **brachte jeden zum Lachen**.
Der Kommissar hat **den Zeugen zum Reden gebracht**.
Die Regierung will **die Presse zum Schweigen bringen**.
Keiner kann **mich dazu bringen**, meine Mutter anzulügen.

sich(D) wünschen: *to wish*
ein Kind zur Welt bringen: *to give birth to a child*
to bring a child into the world
meckern: *to beef, to nag, to bleat*
jdn. mit etw. auf die Palme bringen: *to drive sb. crazy, to madden sb.*
jdn. auf eine Idee bringen: *to give sb. an idea*
der Witz -e: *joke*
jdn. zum Lachen bringen: *to make sb. laugh*
der Zeuge -n: *witness*
jdn. zum Reden bringen: *to make sb. talk*
die Regierung -en: *government*
die Presse -n: *press*
jdn. zum Schweigen bringen: *to silence sb.*
jdn. dazu bringen, etw. zu tun: *to make sb. do sth.*
jdn. anlügen: *to lie to sb.*

5.

Ich wurde als Augenzeuge **auf die Wache gebracht**.
Der Verdächtige wurde **vor Gericht gebracht**.
Der Täter wird morgen **vor den Richter gebracht**.
Nachdem die Polizei den Täter geschnappt hatte, brachten **sie ihn ins Gefängnis**.

als Augenzeuge: as an eyewitness
jdn. auf die Wache bringen: to bring sb. to the police station
die Wache -n: police station, guard duty, guard
der/die Verdächtige -n: suspect
jdn./etw. vor Gericht bringen: to take sb./sth. to court
der Täter -: perpetrator, culprit, offender
jdn. schnappen: to catch sb.
jdn. ins Gefängnis bringen: to put sb. in prison, to jail sb.

6.

jdn. um etw. bringen: to cut sb. out of sth.

Er **brachte ihn ums Leben**.
Deine laute Musik hat **mich um den Schlaf gebracht**.
Mit diesem Kleid kannst du **jeden Mann um den Verstand bringen**.

jdn. ums Leben bringen: to kill sb.
jdn. um den Schlaf bringen: to keep sb. awake,
to cause sb. sleepless
jdn. um den Verstand bringen: to drive sb. out of his/her mind

67. tragen: to carry, to wear
trägt, trug, hat getragen

1.

Ich **trage eine Brille** schon seit 5 Jahren.
Welches Kleid möchtest du auf der Hochzeit **tragen**?
Sie **trug** auf der Party **eine Kette um den Hals**.
Sie **trägt** schöne **Ohrringe**, die zu ihrer Halskette passen.
Meine kleine Schwester **trägt** gerne **Schmuck**. Ich habe ihr heute meine Halskette ausgeliehen.

eine Brille tragen: to wear glasses
ein Kleid tragen: to wear a dress
auf der Hochzeit: at the wedding
eine Kette um den Hals tragen: to wear a chain around one's neck
der Ohrring -e: earring
Ohrringe tragen: to wear earrings
die Halskette -n: a necklace
zu etwas passen: to match, to go well with sth.
Schmuck tragen: to wear jewelry
jdm. etwas ausleihen: to lend sb. sth

2.

Kannst du mir dabei helfen, **die Tüten** zu **tragen**?
Der Taxifahrer hat **meinen Koffer** bis zur Haustür **getragen**.
Bis zum Spielplatz **trug** sie **das Kind auf dem Arm**.
Die Mutter trägt **ihr Baby** oft **auf dem Rücken**.

eine Tüte tragen: to carry a bag
einen Koffer tragen: to carry a suitcase
die Haustür -en: front door
ein Kind auf dem Arm tragen: to carry a child in one's arms
ein Baby auf dem Rücken tragen: to carry a baby on one's back

3.

Ich **trage die Verantwortung für** die Erziehung meiner Kinder.
Du **trägst** selbst **die Verantwortung für** deine Gesundheit.
Trägt die Krankenkasse **die Kosten für** dieses Medikament?
Bei einem Unfall **trägt** die Versicherung **die Kosten für den Schaden**.
Ich bin bereit, **die Konsequenzen zu tragen**.

die Verantwortung für etw. tragen: to be responsible for sth.
die Erziehung meiner Kinder: child-rearing, bringing up children, education of children
die Gesundheit: health
die Krankenkasse -n: health insurance company
der Unfall -"e: accident
die Versicherung -en: insurance
die Versicherung trägt den Schaden: the insurance pays for the damage
die Konsequenzen tragen: to take the consequences

4.

Das Kleid **trägt sich** im Sommer sehr **angenehm**.
Soll ich **den Koffer** für Sie **tragen**?
- Nein danke, er **trägt sich leicht**.

Das Kleid trägt sich angenehm.: The dress is comfortable.
einen Koffer tragen: to carry a suitcase
sich(A) leicht/schwer tragen: to be light/heavy to carry

5.

Er **trägt sich finanziell selbst** und tilgt seine Schulden.
Sie **trägt sich mit dem Gedanken**, mich ihren Eltern vorzustellen.
Er **trägt sich mit der Absicht**, seine Freundin zu heiraten.

sich(A) finanziell selbst tragen: to be self-sufficient
seine Schulden tilgen: to pay off his debts
sich(A) mit dem Gedanken (mit der Absicht) tragen, etwas zu tun:
to contemplate the idea of doing sth.
der Gedanke -n: thought
die Absicht -en: intention, purpose
jdm. jdn. vorstellen: to introduce sb. to sb.
jdn. heiraten: to marry sb.

68. schwimmen: to swim
schwimmt, schwamm, hat/ist geschwommen

1.

Kannst du **schwimmen**? - Ja, ich kann **recht gut schwimmen**.
Ich gehe **dreimal in der Woche schwimmen**.
Als ich jung war, bin ich **viel geschwommen**.
Hast du Lust mit mir **schwimmen** zu **gehen**?
Mein Freund **kann nicht schwimmen**, obwohl er ein sportlicher Typ ist.
Es war ziemlich kalt, als wir **schwammen**.

recht gut schwimmen: to swim quite well
dreimal in der Woche schwimmen: to swim three times a week
als ich jung war: when I was young
schwimmen gehen: to go swimming
Lust haben, etw zu tun: to feel like doing sth.
obwohl: although
ziemlich kalt: pretty cold

2.

Du kannst Rückenschmerzen vorbeugen, indem du **auf dem Rücken schwimmst**.
Der Sportler **schwamm im Schmetterlingsstil** und holte seine Gegner ein.
Als ich noch jung und sportlich war, konnte ich **wie ein Fisch schwimmen**.

Rückenschmerzen vorbeugen: to prevent back pain
auf dem Rücken schwimmen: to swim on the back
im Schmetterlingsstil schwimmen: to swim in the butterfly style
der Gegner -: opponent
jdn. einholen: to catch up with sb.
wie ein Fisch schwimmen: to swim like a fish

3.

Die Kinder haben Spaß daran, **im Wasser** zu **schwimmen**.
Ich würde mich niemals trauen, **über den Fluss** zu **schwimmen**.
Hast du schonmal versucht, **über diesen See** zu **schwimmen**?
Er hat es geschafft, **bis zur Insel** zu **schwimmen**.

In diesem Schwimmbad können die Kinder **in einem kleinen Becken schwimmen**.
Dank seinem Fleiß und Talent **schwimmt** er **im Geld**.
Es gibt eine Fischart, die **gegen den Strom schwimmen** kann.
Der Schwimmer ist **die Strecke in 25 Minuten geschwommen**.

Spaß daran haben, etw. *zu tun: to enjoy doing sth.*
im Wasser schwimmen: to swim in the water
sich(A) trauen, etw zu tun: to dare to do sth.
niemals: never
über den Fluss schwimmen: to swim across the river
über den See schwimmen: to swim across this lake
schaffen: to manage. to accomplish, to do, to create
bis zur Insel schwimmen: to swim to the island

in dem Becken schwimmen: to swim in the pool
dank seinem Fleiß und Talent: thanks to his hard work and talent
im Geld schwimmen: to swim in the money
die Fischart -en: fish species
gegen den Strom schwimmen: to swim against the current / tide
die Strecke -n: distance

69. lachen: to laugh
lacht, lachte, hat gelacht

1.

Sie **lachte** so **laut**, dass sich jeder zu ihr drehte.
Sie konnte nicht mehr aufhören zu **lachen**.
Da **gibt es nichts zu lachen!**
Wer **zuletzt lacht, lacht am besten.**
Ich musste so sehr **lachen**, dass mir die Tränen kamen.
Sie **lachten zusammen aus vollem Halse**.
Als sie ihren Geliebten sah, **lachte** sie **über das ganze Gesicht**.
Ich liebe es, wenn du **mich zum Lachen bringst**.
Dieser Witz **bringt mich** jedes Mal **zum Lachen**.
Seitdem sie mit Daniel zusammen ist, **sehe ich sie** immer **fröhlich lachen**.

laut lachen: to laugh out loud
sich(A) zu jdm. drehen: to turn to sb.
aufhören: to stop
Da gibt es nichts zu lachen!: There is nothing to laugh about!
Wer zuletzt lacht, lacht am besten. : Who laughs last, laughs best.
jdm. kommen die Tränen: sb. is starting to cry
die Träne -n: tear
aus vollem Halse lachen: ~to laugh out loud
der Hals -"e: neck, throat
der/die Geliebte -n: lover
das Gesicht -er: face
es lieben, etw. zu tun: to love to do sth.
jdn. zum Lachen bringen: to make sb. laugh
der Witz -e: joke
seitdem: since
jdn. lachen sehen: to see sb. laugh
fröhlich lachen: to laugh happily

2.

über jdn./etw. lachen: to laugh at sb./sth.

Sie haben **über ihre alten Fotos gelacht**.
Lach nicht **über die Fehler der anderen**.
Ich finde es nicht in Ordnung, **über deine Geschwister** zu **lachen**.

über die alten Fotos lachen: to laugh at the old photos
über die Fehler der anderen lachen: to laugh at the mistakes of others
es nicht in Ordnung finden: to not think it's right
die Geschwister (pl.): siblings

70. lieben: to love
liebt, liebte, hat geliebt

1.

Ich liebe dich. Willst du **mich heiraten**?
Sie **liebt ihre Kinder über alles.**
Ich liebe dich, seitdem ich dich kenne.
Ich habe **ihn jahrelang** sehr **geliebt**.
Sie ist nicht perfekt, aber ich **liebe sie trotzdem**.
Ich hätte gerne eine Freundin, die **mich leidenschaftlich liebt**.
Ich habe **meinen Mann** schon immer **von ganzem Herzen geliebt**.

Ich liebe dich. : *I love you.*
Willst du mich heiraten? : *Will you marry me?*
seitdem ich dich kenne: *since I know you*
jdn. jahrelang lieben: *to love sb. for years*
trotzdem: *still, anyway, nevertheless*
jdn. leidenschaftlich lieben: *to love sb. passionately*
jdn. von ganzem Herzen lieben: *to love sb. with all one's heart*

2.

Wir lieben dich so, wie du bist.
Mein Mann **liebt Katzen**, aber ich bevorzuge Hunde.
Ich hasse den Krieg und **liebe den Frieden**.
Die Welt ist viel schöner, **wenn man liebt**.
Ich **liebe meine Heimat** und wünsche mir, in kurzer Zeit dahin zu reisen.
Sie verbringt ihre Freizeit im Wald. Sie **liebt die Natur**.
Ich möchte Apotheker werden, weil ich **den Beruf liebe**.

Wir lieben dich so, wie du bist. : *We love you the way you are.*
die Katze -n: *cat*
bevorzugen: *to prefer*
den Krieg hassen: *to hate the war*
den Frieden lieben: *to love peace*
die Heimat -en: *homeland, home*
sich(D) wünschen: *to wish*
in kurzer Zeit: *in a short time*
dahin reisen: *to travel there*
ihre Freizeit im Wald verbringen: *to spend her free time in the forest*
Apotheker werden: *to become a pharmacist*
den Beruf lieben: *to love the job*

3.

Ich liebe es, etwas **zu** tun: I love doing sth.

Ich liebe es, Musik **zu** hören, während ich meine Hausaufgaben mache.
Ich liebe es, ein heißes Bad **zu** nehmen, bevor ich ins Bett gehe.
Ich liebe es, mich meiner Familie **zu** widmen.

die Hausaufgaben machen: to do the homework
ein heißes Bad nehmen: to take a hot bath
bevor ich ins Bett gehe: before I go to bed
sich(A) jdm. widmen: to attend to sb., to devote oneself (one's time) to sb.
mich meiner Familie widmen: to devote myself (to attend) to my family

71. schicken: to send
schickt, schickte, hat geschickt

1.

etw. schicken: to send something

Schickst du bitte heute **die Post** für mich?
Du hast weder angerufen noch **eine Nachricht geschickt**.
Du brauchst eine Briefmarke, um **den Brief schicken** zu können.
Wir haben einen Notfall. Bitte **schicken** Sie **einen Krankenwagen**.
Sie können **Ihren Lebenslauf** entweder **per Post** oder **per E-Mail schicken**.

eine Post schicken: to send a mail
weder ... noch: neither ... nor
eine Nachricht schicken: to send a message
die Briefmarke -n: stamp
einen Brief schicken: to send a letter
einen Notfall haben: to have an emergency
einen Krankenwagen schicken: to send an ambulance
etw. per Post / per E-Mail schicken: to send sth. by post / by email
einen Lebenslauf per E-Mail schicken: to send a resume by e-mail
entweder ... oder: either ... or

2.

jdm. etw. schicken: to send sb. sth.

Er **schickte mir die Unterlagen per E-Mail**.
Du hast versprochen, **mir eine Postkarte zu schicken**.
Ich habe **meiner Mutter Blumen** zum Muttertag **geschickt**.
Er hat **seiner Freundin einen Brief geschickt**, die im Ausland lebt.
Ich habe mir **die Bestellung ins Haus schicken** lassen.
Ich habe **ein paar Bücher** nach Düsseldorf zu meiner Schwester **geschickt**. Sie liebt es, zu lesen.

jdm. die Unterlagen per E-Mail schicken: to send sb. the documents by e-mail
jdm. eine Postkarte schicken: to send sb. a postcard
zum Muttertag: for Mother's Day
jdm. einen Brief schicken: to send sb. a letter
im Ausland leben: to live abroad
eine Bestellung ins Haus schicken: to send an order to the house (to the door)
ein paar: a few | *es lieben, etw. zu tun*: to love to do sth.

3.

an jdn. schicken: to send to sb.
an eine Adresse schicken: to send to an address

An wen möchtest du **den Brief schicken**?
An welche Adresse soll ich **meine Bewerbung schicken**?
Ich schicke **Ihnen ein Taxi an die gewünschte Adresse**.
Schicken Sie **die Bestellung an die Adresse**, die ich angegeben habe.
Ich habe **an diese Adresse ein Paket geschickt**. Ich hoffe, die Adresse ist noch aktuell.

etw. an eine Adresse schicken: to send sth. to an address
eine Bewerbung an eine Adresse schicken: to send an application to an address
jdm. ein Taxi an die gewünschte Adresse schicken:
to send sb. a taxi to the desired(given) address
angeben: to give, to declare
angegebene Adresse: given address

4.

Ich schicke **Ihnen einen Techniker**. Er wird Ihnen behilflich sein.
Nachdem ich **die Kinder in die Schule geschickt** hatte, bin ich einkaufen gegangen.
Der Außenminister konnte an der Konferenz nicht teilnehmen und **schickte einen Vertreter**.

jdm. einen Techniker schicken: to send sb. a technician
jdm. behilflich sein: to help sb.
die Kinder in die Schule schicken: to send the children to school
einkaufen gehen: to go shopping
der Außenminister -: foreign minister, Secretary of State
an einer Konferenz teilnehmen: to attend a conference
einen Vertreter schicken: to send a representative

sich schicken: to be suitable
Diese Kleidung **schickt sich** nicht **für** dein Bewerbungsgespräch. Trag lieber eine Stoffhose mit Hemd.

etwas schickt sich für etwas: sth. is suitable for sth.
das Bewerbungsgespräch -e: interview
die Stoffhose -n: cloth pants, cloth trousers
das Hemd -en: shirt

72. regnen: to rain
regnet, regnete, hat geregnet

1.

Wenn **es** nicht **regnet**, können wir am Spielplatz spielen.
Leider hat **es** im Urlaub **viel geregnet**.
Es regnete die ganze Nacht.
Seit heute Morgen **regnet es in Strömen**.
Zwar regnet es heftig, aber wir haben einen Schirm dabei.
Die Kinder sind draußen ganz nass geworden, **weil es geregnet hat**.
Schau mal aus dem Fenster! **Es regnet wie aus Eimern**!
Laut Wetterbericht wird **es die nächsten Tage regnen**.
Wir möchten am Wochenende ein Picknick machen, **falls es nicht regnen sollte**.

wenn es nicht regnet: if it doesn't rain
Es regnet viel. : It rains a lot.
Es regnet die ganze Nacht. : It rains all night.
Es regnet in Strömen. : ~It is pouring rain.
strömen: to poor, to stream
Es regnet heftig. : It is raining heavily.
zwar ... aber: indeed ... but
einen Schirm dabeihaben: to have an umbrella with oneself
nass werden: to get wet
aus dem Fenster schauen: to look out of the window
der Eimer -: bucket
laut Wetterbericht: according to the weather forecast
falls: if | *falls es nicht regnen sollte*: ~in case it shouldn't rain

2.

es fängt an, zu regnen: it's starting to rain
es hört auf, zu regnen: the rain is stopping

Es fängt gleich an zu regnen. Lasst uns nach Hause gehen.
Kannst du den Hund ausführen, **wenn es aufhört zu regnen**?
Lass uns nach Hause fahren, **bevor es anfängt zu regnen**.
Während meines Spaziergangs im Wald, **fing es an zu regnen**.
Wir haben das Grillen fortgesetzt, **als es aufgehört hat zu regnen**.
Sie geht nicht raus, **bevor es aufhört zu regnen**.

einen Hund ausführen: to walk a dog
während meines Spaziergangs: during my walk
das Grillen fortsetzen: to continue grilling
rausgehen: to go out

73. versuchen: to try
versucht, versuchte, hat versucht

1.

Gib nicht auf. **Versuche es noch einmal.**
Ich habe **versucht**, ihn vom Rauchen ab**zu**bringen.
Sie hat **versucht**, ihre Nervosität nicht **zu** zeigen.
Ich habe ein falsches Passwort eingegeben. - **Versuch es nochmal.**

Versuche es noch einmal. : Try it again.
versuchen, *etwas* **zu** *tun: to try to do sth.*
jdn. von etw. abbringen: *to get sb. to give up sth.*
ihn vom Rauchen abbringen: *to get him to stop smoking*
ihre Nervosität nicht zeigen: *to not show her nervousness*
ein falsches Passwort eingeben: *to enter an incorrect password*

2.

Er **versuchte vergeblich**, mit seiner Ex-Freundin ins Gespräch zu kommen.
Lass mich mal versuchen, ob ich die Flasche aufkriege.
Sprich sie doch in der Kantine an. - Du hast recht, ich werde **mein Glück versuchen.**
Ich habe **mein Bestes versucht.** Aber ich muss zugeben, dass der Gegner besser war.
Ich kann den Beutel nicht öffnen. Ich **versuche es** mal **mit einer Schere.**
Versuch es doch mal **mit einem Schmerzmittel.** Wenn es nicht hilft, dann können wir zum Arzt gehen.

vergeblich: *futile, in vain*
mit jdm. ins Gespräch kommen: *to get talking to sb.*
lass mich mal versuchen: *let me try*
aufkriegen: *to get sth. open*
jdn. ansprechen: *to speak(talk) to sb.*
mein Glück versuchen: *to try my luck*
mein Bestes versuchen: *to try my best*
zugeben, dass ... : *to admit that ...*
der Beutel -: *pouch, bag*
es mit etwas versuchen: *to try it with sth.*
die Schere -n: *scissors*
das Schmerzmittel -: *painkiller, pain-reliever*
wenn es nicht hilft: *if it doesn't help*
zum Arzt gehen: *to go to the doctor*

3.

sich(A) in/an etw.(D) versuchen: to dabble in sth.
to try one's hand at sth.

Sie wollte ein neues Hobby haben und **versuchte sich in der Malerei**.
Mehrere Mitarbeiter haben **sich an dem neuen Projekt versucht**.

sich(A) in der Malerei versuchen: to try one's hand at painting,
to dabble in painting
der Mitarbeiter -: employee, member of staff

74. halten: to hold, to keep, to stop
hält, hielt, hat gehalten

1a.

etw. halten: to hold sth.
jdn./etw. irgendwo/irgendwohin halten:
to hold/put sb./sth. somewhere

Kannst du mal kurz **meine Tasche halten**?
Ich brauche einen Gürtel, der **meine Hose hält**.
Er hält **seine Bücher unter dem Arm**.
Halt **die Hand vor den Mund**, wenn du gähnst!
Sie hält **ihr Kind in den Armen** und bringt es ins Bett.

eine Tasche halten: to hold a bag
der Gürtel -: belt
die Hose -n: pants
etwas unter dem Arm halten: to hold sth. under one's arm
die Hand vor den Mund halten: to put one's hand in front of one's mouth
ein Kind in den Armen / im Arm halten: to hold a child in one's arms

1b.

jdm./sich(D) etwas irgendwohin halten:
to hold sth. to/for sb.
to hold/put sth. somewhere / in a certain position

Er **hielt mir die Pistole an den Kopf.**
Mein Freund ist ein Gentleman und **hält mir immer den Mantel.**
Ich **hielt mir die Zeitung vor das Gesicht**, damit sie mich nicht sieht.
Sie hat **sich die Hand vor das Gesicht gehalten**, um zu verbergen, dass sie rot wurde.

jdm./sich(D) die Pistole an den Kopf halten: to hold a gun to sb.'s head
jdm. den Mantel halten: to hold sb.'s coat for him / her
sich(D) die Zeitung vor das Gesicht halten: to hold the newspaper in front of one's face
sich(D) die Hand vor das Gesicht halten: to put one's hand in front of one's face
verbergen: to hide
rot werden: to blush, to go/turn red

2a.

Du musst Wert darauf legen, **dein Wort** zu **halten.**
Die deutsche Wirtschaft wird in diesem Jahr **ihr Tempo halten.**
In letzter Zeit habe ich viel zugenommen. Ich muss **eine Diät halten.**
Der Gefängniswärter hat die ganze Nacht **Wache gehalten.**
Die Mitarbeiter müssen im Büro **auf Ordnung halten.**
Ich putze jeden Tag meine Wohnung. Ich **halte** sehr **auf Sauberkeit.**
Auf der Autobahn musst du **Abstand** zum vorausfahrenden Auto **halten.**
Er hat mir das Herz gebrochen. Ich möchte **ihn** für eine Zeit lang **auf Distanz halten.**

sein Wort halten: to keep one's word
auf etw. Wert legen: to attach value/importance to sth.
Wert darauf legen, etwas zu tun: to find it important to do sth.
die deutsche Wirtschaft: the German economy
das Tempo halten: to keep (up) the pace
zunehmen: to gain weight
eine Diät halten: to go on a diet, to keep to a diet
der Gefängniswärter -: jailer, prison guard
Wache halten: to keep watch
auf Ordnung halten: to keep to the rules, to attach importance to tidiness
die Sauberkeit: cleanliness
Abstand halten: to keep distance
das vorausfahrende Auto: the car in front
jdm. das Herz brechen: to break sb.'s heart
jdn. auf Distanz/Abstand halten: to keep sb. at a distance
für eine Zeit lang: for a while

2b.

sich(A) an etw.(A) halten: to keep/stick to sth.

Ich werde **mich an deine Empfehlungen halten**.
Im Fitnessstudio **halte** ich **mich an den Trainingsplan**.
Ich **halte mich** gerne **an die Ratschläge meiner Eltern**.
Du musst **dich** auf der Arbeitsstelle **an die Regeln halten**.
Sie **hielt sich** bei der Führerscheinprüfung streng **an die Regeln**.
Du hast **dich** nicht **an dein Versprechen gehalten**. Wie soll ich dir vertrauen?

sich(A) an deine Empfehlungen halten: to stick to your recommendations
sich(A) an den Trainingsplan halten: to stick to the training schedule
sich(A) an die Ratschläge meiner Eltern halten: to follow my parents' advice
die Arbeitsstelle -n: job, place of work
die Regel -n: rule
bei der Führerscheinprüfung: during the driver's license test
streng: strictly, strict
sich(A) an dein Versprechen halten: to keep your promise
jdm. vertrauen: to trust sb.

3.

sich(A) irgendwohin halten: to keep going somewhere
sich(A) irgendwo halten: to keep to somewhere

Laut Landkarte müssen wir **uns nach Norden halten**.
Ich habe **mich am Seil gehalten**, ohne zu fallen.
Meine beste Freundin **hält sich** immer **an meiner Seite**.

laut Landkarte: according to the map
sich(A) nach Norden halten: to keep north
sich(A) am Seil halten: to keep on the rope
fallen: to fall

4.

Halte bitte **die Tür offen**. Meine Hände sind voll.
Als **die Straßenbahn hielt**, sind wir ausgestiegen.
Der Torhüter konnte noch **rechtzeitig halten**.
Die Blumen **halten sich länger**, wenn du sie pflegst.
Dank des Haarsprays, **hält meine Frisur besser**.
Ich **halte** gerne **Haustiere** wie Kaninchen und Wellensittiche.
Die Eltern haben **das Kind streng gehalten**. Sie haben ihm immer Grenzen gesetzt.

eine Tür offen halten: to hold a door open
als die Straßenbahn hielt: when the tram stopped
der Torhüter (der Torwart): goalkeeper
(einen Ball) rechtzeitig halten: to stop (a ball) in time
die Blume -n: flower
sich(A) länger halten: to last longer
pflegen: to take care of
dank des Haarsprays: thanks to the hairspray
die Frisur -en: hairstyle
Haustiere halten: to have pets
das Kaninchen -: rabbit
der Wellensittich -e: budgerigar, budgie
das Kind streng halten: to be strict with the child
jdm. Grenzen setzen: to set limits for sb.

5.

jdn./etw. für ... halten: to think sb./sth. is ...
sich(A) für ... halten: to think of oneself as ...
to consider oneself ...

Halten Sie mich etwa **für blöd**?
Du **hältst dich für den Mittelpunkt der Welt**.
Ich **halte es für richtig**, armen Menschen Hilfe zu leisten.
Ihr seid euch sehr ähnlich. Ich habe **euch für Geschwister gehalten**.

jdn. für blöd halten: to think sb. is stupid
sich(A) für den Mittelpunkt der Welt halten: to consider oneself the center of the world
es für richtig halten, etw. zu tun: to think it is right to do sth.
arm: poor
jdm. Hilfe leisten: to give sb. assistance, to help sb.
Ihr seid euch sehr ähnlich. : You're very much alike.
die Geschwister (pl.): siblings

6.

etw. von jdm./etw. halten: to think sth. of sb./sth. (~to like, to appreciate)
nichts/viel/wenig von jdm/etw halten: to think nothing/a lot/not much of sb./sth.

Was **hältst** du **von meiner Idee**?
Ich **halte nicht viel von klassischer Musik**.
Ihr neuer Freund benimmt sich manchmal komisch. Ich **halte wenig von ihm**.

Was hältst du von meiner Idee?: What do you think of my idea?
sich(A) komisch benehmen: to behave strangely

7.

Meine Ehefrau hat in schwierigen Phasen **zu mir gehalten**.
Er war wütend und wollte ihn angreifen. Aber er musste **an sich halten**.

die Ehefrau -en: wife
zu jdm. halten: to be with sb., to stand by sb.
wütend: angry, furious
jdn. angreifen: to attack sb.
an sich(A) halten: to control oneself

75. fallen: to fall, to drop
fällt, fiel, ist gefallen

1.

Sie **fiel vom Fahrrad** und verletzte sich dabei.
Mein Teller ist **mir aus der Hand gefallen**.
Das Buch ist **ihm** aus Versehen **aus der Hand gefallen**.
Laut Wettervorhersage soll diese Nacht **Schnee fallen**.
Meine Tochter ist gestern **gegen die Bettkante gefallen**. Gott sei Dank hat sie sich nicht verletzt.

vom Fahrrad fallen: to fall off the bike
sich(A) verletzen: to injure oneself
jdm. aus der Hand fallen: to fall out of sb.'s hand
aus Versehen: by mistake
laut Wettervorhersage: according to the weather forecast
Schnee fallen: to fall snow
gegen die Bettkante fallen: to fall against the edge of the bed
Gott sei Dank: thank God

2.

Am Wochenende **fallen die Temperaturen bis zu** minus 5 Grad!
Diese Woche sollen **die Temperaturen auf** -10 Grad **fallen**.
Das ist mir zu teuer! Ich warte einfach ab, bis **die Preise** wieder **fallen**.
Hast du dir das aktuelle Prospekt angeschaut? Viele Milchprodukte sind **im Preis gefallen**.

die Temperaturen fallen bis zu / auf minus ... : the temperatures drop to minus ...
jdn./etw. abwarten: to wait for sb./sth.
bis die Preise fallen: until the prices drop
sich(D) etw. anschauen: to look at sth., to take a (closer) look at sth.
im Preis fallen: to go down/fall in price

3.

Ich wünschte, ich könnte **ihm um den Hals fallen**.
Sie **fiel ihrer Mutter um den Hals** und küsste sie auf die Wange.
Sie war sehr müde und **ließ sich auf das Bett fallen**.
Ich möchte **in einen tiefen Schlaf fallen**.
Am frühen Morgen **fallen** Sonnenstrahlen durch das Fenster **in mein Zimmer**.
Meine Tochter ist erst zwei Jahre alt und ihre Haare **fallen ihr** schon **auf die Schulter**.

jdm. um den Hals fallen: to throw/fling one's arms around sb's neck, to fall around someone's neck
jdn. auf die Wange küssen: to kiss sb. on the cheek
sich(A) auf das Bett fallen lassen: to flop down on the bed
in Schlaf fallen: to fall asleep
in einen tiefen Schlaf fallen: to fall into a deep sleep
der Sonnenstrahl -en: sun's rays, sunbeam, ray of sunshine
jdm. auf die Schulter fallen: to fall on sb.'s shoulder

4.

Dieses Jahr **fällt** mein Geburtstag **auf einen Donnerstag**.
Ich hatte solche Angst bekommen, dass ich **in Ohnmacht fiel**.
Dieser Song ist einfach klasse! Er **fällt in die Liste der Top 10**.
Drogenhandel ist verboten und **fällt unter das Strafgesetz**.

Angst bekommen: to become afraid, to get scared
in Ohnmacht fallen: to faint
in die Liste fallen: to fall in the list
der Drogenhandel: drug trafficking, drug trade
verbieten: to forbid, to prohibit
unter das Strafgesetz fallen: to fall under the criminal law

5.

Ich bin leider **durch das Examen gefallen**.
Er ist sehr reich. Seine ganze Erbschaft wird **an seine einzige Tochter fallen**.

durch das Examen fallen: to fail (in) one's finals
reich: rich
die Erbschaft -en: inheritance
an jdn. fallen: to go to sb.

76. fliegen: to fly
fliegt, flog, hat/ist geflogen

1.

Pinguine können nicht **fliegen**.
Ich bin in den Ferien **ins Ausland geflogen**.
Hast du eine Ahnung, wie lange man **von Köln nach Berlin fliegt**?
Das Flugzeug **flog** gestern nach Frankfurt.
Ich habe Angst, zu **fliegen**.
Ich bin noch nie **mit dem Flugzeug geflogen**.
Ich bin am Wochenende zu meiner Familie **nach Stuttgart geflogen**.

der Pinguin -e: penguin
in den Ferien: on vacation
ins Ausland fliegen: to fly abroad

Hast du eine Ahnung, ...? : Do you know ...?
Ich habe Angst, zu fliegen. : I am afraid of flying.
mit dem Flugzeug fliegen: to fly by plane

2.

Der Schmetterling ist **auf eine Blume geflogen**.
Das Mädchen **flog seiner Mutter um den Hals**.
Er stolperte über den Stein und **flog auf die Nase**.
Die Schüler sind wegen der Schlägerei **von der Schule geflogen**.

der Schmetterling -e: butterfly
die Blume -n: flower
jdm. um den Hals fliegen: ~to throw one's arms around sb's neck
stolpern: to stumble, to trip
die Nase -n: nose
auf die Nase fliegen: ~to fall flat on one's face
die Schlägerei -en: brawl, fight
von der Schule fliegen: ~to be expelled from the school

3.

Schon seit seiner Kindheit **fliegt** er **auf Autos**.
Er ist gutaussehend, reich und intelligent. Die Frauen **fliegen auf ihn**.
Der Pilot hat **die Maschine** von Köln nach Moskau **geflogen**.
Es ist das perfekte Wetter, um **einen Drachen fliegen** zu **lassen**.

seit seiner Kindheit: since his childhood
auf jdn./etw. fliegen: to be crazy for sb./sth.
gutaussehend: handsome

reich: rich
eine Maschine (Flugzeug) fliegen: to fly a plane
einen Drachen fliegen lassen: to fly a kite

77. reisen: to travel
reist, reiste, ist gereist

1.

Ich **reise** gerne **mit dem Flugzeug**.
Ich bin früher öfters **mit der Bahn gereist**.
Wir **reisten mit dem Schiff** von Italien in die Türkei.
Dieses Jahr habe ich vor, **nach Ägypten** zu **reisen**.
Er ist am Freitag für einige Tage **nach München gereist**.
Wir sind mit dem Auto **von Köln über Düsseldorf nach Hannover gereist**.

mit dem Flugzeug/Schiff/Auto reisen: to travel by plane/ship/car
mit der Bahn reisen: to travel by train
von Italien in die Türkei reisen: to travel from Italy to Turkey
vorhaben, etw. zu tun: to plan to do sth.

2.

Sie **reiste** mit ihrem Freund **in ein anderes Land**.
Ich **reise** gern mit meiner Familie **in fremde Länder**.
Du benötigst einen Reisepass, um **ins Ausland** zu **reisen**.
Er träumt davon, **um die Welt** zu **reisen**.
Er **reist** sehr oft **aus beruflichen Gründen**.
In meinem Leben bin ich **viel gereist**, aber in China war ich noch nie.
Diesen Sommer konnten wir nicht **reisen**, weil wir das Geld dafür nicht hatten.

mit jdm. reisen: to travel with sb.
in ein Land reisen: to travel to a country
in fremde Länder reisen: to travel to foreign countries
ins Ausland reisen: to travel abroad
um die Welt reisen: to travel around the world
beruflich: professional, occupational, vocational
der Grund -"e: reason
aus beruflichen Gründen reisen: to travel for professional reasons

3.

Es macht keinen Spaß, **allein** zu **reisen**. Nimm doch einen Freund mit.
Es kommt häufig vor, dass ich **geschäftlich reisen** muss.
Ist der Mitarbeiter in der Lage, **dienstlich** zu **reisen**?

Es macht keinen Spaß, etw. zu tun: It's no fun doing sth.
allein reisen: to travel alone
häufig vorkommen: to happen often
geschäftlich reisen: to travel on business
in der Lage sein: to be able
dienstlich: official, business

78. passieren: to happen, to pass
passiert, passierte, hat/ist passiert

1.

Gib nicht auf, **egal was passiert**.
Halte dich fern von mir! **Sonst passiert was!**
Niemand kann wissen, was in der Zukunft **passieren** wird.
Die meisten Unfälle passieren in der Küche.
Du weißt, was **passieren** wird, wenn du das tust.
Wir bleiben für immer zusammen, **egal was passiert**.
Ruf mich oder deinen Vater an, **wenn etwas passieren sollte**.

aufgeben: to give up
egal was passiert: no matter what happens.
sich(A) von jdm./etw. fernhalten: to keep away from sb./sth.
... sonst passiert was!: ... or there will be trouble!
der Unfall -"e: accident
Du weißt, was passieren wird, wenn du das tust. : You know what will happen if you do that.

2.

jdm. passieren: to happen to sb.

Was ist mit dir passiert?
Wieso muss das immer **mir passieren**?
Ich habe Angst, dass **dir** etwas **passiert**.
Du glaubst nicht, was **mir** gestern **passiert** ist. - **Was ist denn passiert?**

Was ist mit dir passiert?: What happened to you?
Ich habe Angst, dass ... : I'm afraid that ...
glauben: to believe

3.

etwas passieren : to cross sth., to go through, to go over sth.
passieren (durchgehen): to pass

Das Boot **passierte den Fluss**.
Nachdem wir **die Brücke passiert** haben, sind es noch 10 Kilometer bis zum Ziel.
Wir **passierten** während unserer Reise **einen Tunnel**, der 5 Kilometer lang war.
Wir fahren mit dem Auto in den Urlaub und haben gerade **die Grenze passiert**.
Vor wenigen Minuten hat der Eiswagen **die Straße passiert**.
Die Bestellung aus China war nicht so teuer. Sie **passierte die Grenze zollfrei**.
Der Polizist kontrollierte meinen Ausweis und ließ **mich** danach **passieren**.

das Boot -e: boat
der Fluss -"e: river
eine Brücke passieren: to cross a bridge
bis zum Ziel: to the destination
in den Urlaub fahren: to go on vacation
die Grenze passieren: to cross the border
der Eiswagen -: ice cream van(truck)
zollfrei: duty-free
der Ausweis -e: identity card
jdn. passieren lassen: to let sb. pass

Sie hat die Tomaten **durch das Sieb passiert**.
etw. durch etw. passieren: to strain sth. through sth.
das Sieb -e: sieve, strainer

79. studieren: to study
studiert, studierte, hat studiert

1.

Ich **studiere Medizin im dritten Semester**.
Er **studiert an der** Technischen Universität München.
Sie **studiert die Fächer** Mathematik und Physik.
Ich habe **Spanisch und Webdesign studiert**.
Zurzeit **studiere** ich **Wirtschaftswissenschaften an der Hochschule**.
Ich bin mir unsicher, ob ich **im Ausland studieren** soll oder nicht.
Ich bin in diese Stadt gekommen, um zu **studieren**.
Er hat sich entschieden, **zum Studieren** nach England zu fliegen.
Hast du dir schon überlegt, was du **studieren** möchtest?
Meine Eltern wollen unbedingt, dass ich **in Köln studiere**.
Ich habe **drei Semester Informatik studiert** und habe danach mein Studium abgebrochen, weil es anstrengend war.

im dritten Semester studieren: to study in the third semester
an der Universität studieren: to study at university
das Fach -"er: field of study, subject of study
zurzeit: currently
die Wirtschaftswissenschaften (Pl.): economics
die Hochschule -n: university, college
im Ausland studieren: to study abroad
sich(A) entscheiden: to decide
sich(D) etw. überlegen: to consider sth., to think sth. over
unbedingt: absolutely
das Studium abbrechen: to drop out of a university
anstrengend: exhausting

2.

Ich habe die letzten Stunden damit verbracht, **diesen Artikel** zu **studieren**.
Morgen habe ich eine Theateraufführung. Ich muss **meine Rolle** nochmal **studieren**.

verbringen: to spend (time)
einen Artikel studieren: to study an article
eine Rolle studieren: to study a role
die Theateraufführung -en: theatre performance

80. bieten: to offer, to bid
bietet, bot, hat geboten

1.

etw. bieten: to offer sth.
jdm. etw. bieten: to offer sb. sth.

Ich kann **dir nicht viel bieten**.
Der Platz **bietet einen wunderschönen Anblick**.
Dieser Raum **bietet genügend Platz** für eine Veranstaltung.
Wir **bieten Ihnen eine Auslandsreise** während dem Sprachkurs.
Wir **bieten Ihnen die Möglichkeit**, die Ware in Raten zu zahlen.
Dieser Sommerurlaub **bot mir die Gelegenheit**, nette Leute kennenzulernen.
Ich **bot ihr Feuer** für ihre Zigarette. Sie lächelte mich an und bedankte sich.
Für das Gemälde wurden **10.000 EURO geboten**.
Wer bietet mehr? - Ich **biete die doppelte Summe**.

der Anblick -e: sight
genügend: enough, sufficient
die Veranstaltung -en: organization, event
jdm. eine Auslandsreise bieten: to offer sb. a trip abroad
jdm. eine Möglichkeit bieten: to offer sb. an opportunity (possibility)
die Ware -n: goods, product, article, commodity
in Raten zahlen: to pay in installments
jdm. eine Gelegenheit bieten: to offer sb. an opportunity
das Feuer -: fire
jdn. anlächeln: to smile at sb.
sich(A) bedanken: to thank
das Gemälde -: painting
etw. für das Bild bieten: to bid sth. for the picture
die Summe -n: sum, total, amount

2.

sich jdm. bieten: to present itself to sb.

Eine solche Gelegenheit **bietet sich dir** nur einmal im Leben!
Hier **bietet sich dir** die Chance, deine Kenntnisse im Beruf zu erweitern.

die Gelegenheit -en: opportunity
die Kenntnis -se: knowledge
erweitern: to expand, to increase

81. anbieten: to offer
bietet an, bot an, hat angeboten

1.

(jdm.) etw. anbieten: to offer sth. (to sb.)

Wenn du Lust hast, kann ich **dir einen Kaffee anbieten**.
Darf ich **Ihnen noch eine Tasse Tee anbieten**?
Darf ich **Ihnen etwas zu trinken anbieten**?
Unser Hotel **bietet Luxus-Suiten an**.
Sie bot **den Gästen ein Glas Wein an**.
Er bot **ihr an**, die Tüten **zu** tragen.
Wir bieten **dieses Produkt viel günstiger an**.
Ich möchte gerne das Auto kaufen, das Sie **anbieten**.
Mein Chef konnte **mir kein höheres Gehalt anbieten**.
Wir können **Ihnen ein kostenloses Handy anbieten**, wenn Sie Ihren Vertrag verlängern.

wenn du Lust hast: if you like
jdm. eine Tasse Tee anbieten: to offer sb. a cup of tea
den Gästen ein Glas Wein anbieten: to offer guests a glass of wine
eine Tüte tragen: to carry a bag
ein Produkt günstiger anbieten: to offer a product cheaper
das Gehalt -"er: salary
kostenlos: free, for free
einen Vertrag verlängern: to extend a contract, to renew a contract

2.

Der Verkäufer hat mir das Sofa **zu einem günstigen Preis angeboten**.
Wegen der schlechten Wirtschaftslage hat der Wirtschaftsminister **seinen Rücktritt angeboten**.
Ich habe letzten Monat ein Hemd gekauft und wollte es zurückgeben. Aber die Kassiererin hat mir **einen Umtausch angeboten**.

der Verkäufer -: seller
jdm. etw. zu einem günstigen Preis anbieten: to offer sb. sth. at an affordable price
die Wirtschaftslage -n: economic situation
der Wirtschaftsminister -: Secretary of Commerce, economics minister
seinen Rücktritt anbieten: to offer one's resignation
ein Hemd kaufen: to buy a shirt
zurückgeben: to return sth.
die Kassiererin -nen: cashier
jdm. einen Umtausch anbieten: to offer sb. an exchange

3.

sich(A) anbieten: to offer oneself / one's help / one's services, to volunteer

Falls du mal vorhast, nach Spanien zu reisen, **biete** ich **mich** gerne **als Begleiter an**.
Der Betrag kann nur in bar bezahlt werden. Eine andere Möglichkeit **bietet sich** leider nicht **an**.

falls: if
vorhaben, etw. zu tun: to intend/plan to do sth.
sich(A) als Begleiter anbieten: to offer oneself as a companion
der Betrag -"e: amount
(in) bar bezahlen: to pay (in) cash
eine andere Möglichkeit: ~another alternative

82. singen: to sing
singt, sang, hat gesungen

1.

Die Kinder **singen** jetzt **ein Lied**.
Hörst du, wie schön die Vögel **singen**?
Am frühen Morgen **singen** die Vögel in unserem Garten.
Wir haben auf der Party gefeiert und **gesungen**.
Weil ich heiser bin, kann ich heute nicht **singen**.
Möchtest du hören, wie wunderbar ich **singen** kann?
Ich mag es nicht, **traurige Lieder** zu **singen**.
Er überredete mich, **ein Duett mit ihm** zu **singen**.
Möchtest du, dass wir dir **zum Geburtstag ein Lied singen**?

ein Lied singen: to sing a song
der Vogel -": bird
am frühen Morgen: in the early morning
auf der Party feiern: to celebrate at the party
weil ich heiser bin: because I'm hoarse
wunderbar: wonderful
traurige Lieder singen: to sing sad songs
ein Duett mit jdm. singen: to sing a duet with sb.
jdm. zum Geburtstag ein Lied singen: to sing a song for sb.'s birthday

2.

Ich habe dich noch nie **singen hören**.
Jeden Abend singt sie ihre Tochter in den Schlaf.
Ich liebe es, **unter der Dusche** zu **singen**.
Meine Tochter hat eine sehr gute Stimme. Sie **singt in einem Chor**.
Die Chorsänger halten die Notenblätter in der Hand und **singen nach Noten**.

jdn. singen hören: to hear sb. sing
noch nie: never
jdn. in den Schlaf singen: to sing sb. to sleep
die Tochter -": daughter
Ich liebe es, etwas zu tun: I love doing sth.
unter der Dusche singen: to sing in the shower
gute Stimme haben: to have a good voice
im Chor singen: to sing in the choir
der Sänger -: singer
etw. in der Hand halten: to hold sth. in the hand
das Notenblatt -"er: sheet of music
nach Noten singen: to sing from sheet music

83. tanzen: to dance
tanzt, tanzte, hat getanzt

1.

Lass uns tanzen!
Wir haben **in der Disco** viel **getanzt**.
Möchtest du gerne **mit mir tanzen**?
Ich tanze gerne, weil es mir Spaß macht.
Ich wusste nicht, dass du **so gut tanzen** kannst.
Sollen wir am Wochenende **zusammen tanzen gehen**?

Lass uns tanzen! : Let's dance!
in der Disco tanzen: to dance in the disco
mit jdm. tanzen: to dance with sb.
Ich wusste nicht, dass ... : I didn't know that ...
zusammen tanzen gehen: to go dancing together

2.

Ich würde gerne lernen, wie man **Tango tanzt**.
Sie haben **auf der Hochzeit Walzer getanzt**.
Ich habe die ganze Nacht **mit meiner Freundin getanzt**.
Ich war so glücklich, dass ich anfing zu **tanzen**.
Im Karneval sangen und **tanzten** verkleidete Menschen **auf den Straßen**.
Bitte **tanzen** Sie nicht **aus der Reihe**!

auf der Hochzeit tanzen: to dance at the wedding
die ganze Nacht mit meiner Freundin tanzen:
to dance with my girlfriend all night
Ich war so glücklich, dass ... : I was so happy that ...
anfangen: to start, to begin
verkleidet: dressed up
auf den Straßen tanzen: to dance on the streets
aus der Reihe tanzen: to step out of line

84. bestehen: to exist, to be, to pass, to consist, to be made of, to insist
besteht, bestand, hat bestanden

1.

Seit Jahrhunderten besteht diese Tradition.
Unser Geschäft **besteht seit 20 Jahren**.
Die meisten Studenten haben **die Prüfung bestanden**.
Ich habe **die Prüfung mit "gut" bestanden**.
Trotz meiner Nervosität, habe ich **die Fahrprüfung bestanden**.
Wenn du nicht genügend lernst, wirst du **die Prüfung** nicht **bestehen**.

seit Jahrhunderten: for centuries
das Geschäft -e: shop, store; business
seit 20 Jahren bestehen: to exist for 20 years
die meisten Studenten: most of the students
eine Prüfung bestehen: to pass an exam
trotz meiner Nervosität: despite my nervousness
eine Fahrprüfung bestehen: to pass a driving test
genügend lernen: to learn enough

2.

aus etw.(D) bestehen: to consist of sth., to be made of, to be composed of sth
in etw.(D) bestehen: to consist in sth.
auf etw.(D) bestehen: to insist on sth.

Unsere neue Wohnung **besteht aus vier Zimmern**.
Dieser Schal **besteht aus Bambusfasern**.
Alle unsere Produkte **bestehen aus natürlichen Inhaltsstoffen**.
Das menschliche Gehirn **besteht aus 85 Prozent Wasser**.
Ich verstehe nicht, **worin** das Problem **besteht**.
Deine Aufgabe **besteht darin**, die Akten im Büro **zu** ordnen.
Ich **bestehe darauf**, dich **zu** heiraten.
Nach der Auseinandersetzung mit ihrem Freund, **besteht** sie **auf einer Entschuldigung**.

aus vier Zimmern bestehen: to consist of four rooms
der Schal -s: scarf
aus Bambusfasern bestehen: to be made of bamboo fibers
der Inhaltsstoff -e: ingredient(s)
das Gehirn -e: brain

aus 85 Prozent Wasser bestehen: to be is made up of 85 percent water
Deine Aufgabe besteht darin, etwas **zu** tun: Your job consists in doing sth.
die Akten im Büro ordnen: to organize the files in the office
darauf bestehen, etwas **zu** tun: to insist on doing sth.
heiraten: to marry
die Auseinandersetzung -en: quarrel, arguing, argument
auf einer Entschuldigung bestehen: to insist on an apology

3.

Es besteht keine Möglichkeit, sie **zu** kontaktieren.
There is no way to contact her.
Es besteht kein Zweifel an seiner Ehrlichkeit.
There is no doubt about his honesty.
Es besteht kein Grund zur Sorge.
There is no reason to worry.

* *Es besteht **etw.** = **Etw.** besteht*
* *"es" ist nur ein Platzhalter.*
* *"**etw.**" ist das Subjekt des Satzes (im Nominativ).*

85. probieren: to try, to try on, to taste
probiert, probierte, hat probiert

1.

Lass mich mal probieren!
Möchtest du mal **von meinem Kuchen probieren**?
Dieses Getränk musst du unbedingt **probieren**!
Das Essen ist sehr lecker. **Probiere es mal!**
Probiere mal die Suppe. Habe ich genug Salz reingetan?
Diese Größe müsste Ihnen passen. **Probieren Sie mal**.
Ich habe **das Kleid** in der Kabine **probiert**, aber es passte mir nicht.

Lass mich mal probieren! : Let me try it!
von etw.(D) **probieren**: to have a taste of sth.
der Kuchen -: cake
ein Getränk probieren: to try a drink
sehr lecker: very tasty, delicious
die Suppe -n: soup
reintun: to put in
die Größe -n: size
jdm. passen: to fit sb.
in der Kabine: in the cabin

2.

Hast du schon **probiert, ob** das alte Radio noch geht?
Ich habe **mehrmals probiert**, Sie telefonisch zu erreichen.
Sie hat **probiert**, die Kiste **zu** tragen. Jedoch war sie zu schwer.
Sie will **es nicht mehr probieren**, nachdem sie gescheitert ist.

probieren, ob ... : to try(test) if ...
mehrmals probieren: to try several times
jdn. telefonisch erreichen: to reach sb. by phone
probieren, etwas zu tun: to try to do sth.
eine Kiste tragen: to carry a box
jedoch: however, though
scheitern: to fail

anprobieren: to try on sth.
probiert an, probierte an, hat anprobiert

Ich möchte **diese Sonnenbrille anprobieren**.
Ich würde **dieses Kleid** gerne **anprobieren**.
Du solltest Schuhe **vor dem Kauf** immer erst **anprobieren**.
Probiere mal diese Schuhe an und guck mal, ob sie dir passen.
Der Mantel im Schaufenster gefällt mir sehr. Kann ich **ihn anprobieren**?

die Sonnenbrille -n: sunglasses
etw. vor dem Kauf anprobieren: to try sth. on before buying
der Mantel -¨: coat
das Schaufenster -: shop window

86. anrufen: to call, to phone
ruft an, rief an, hat angerufen

1.
Rufen Sie an, bevor Sie in die Praxis kommen.
Du darfst **mich jederzeit anrufen**.
Wann hast du **mich zuletzt angerufen**?
Du solltest **deine Eltern** ruhig **öfter anrufen**.
Weißt du, ob **mich** jemand **angerufen** hat?
Ruf mich bitte **nicht mehr an**.
Tut mir leid, dass ich **dich so spät anrufe**.
Er hat **mich nicht angerufen**, obwohl er es versprochen hatte.
Ich würde **sie anrufen**, wenn ich ihre Telefonnummer hätte.

die Praxis - die Praxen: office, doctor's office
jdn. jederzeit anrufen dürfen: to be allowed to call sb. at any time
zuletzt: last
öfter: more often
Weißt du, ob ... ? : Do you know if ..?
obwohl: although, even though | *versprechen*: to promise

2.
Bei Notfällen kannst du **bei der Polizei anrufen**.
Ich habe **beim Arzt angerufen**, um einen Termin zu vereinbaren.
Ich muss **in Köln bei der Ausländerbehörde anrufen**.
Ich habe **bei der Auskunft angerufen**, um nach einer Adresse zu fragen.
Ich habe **bei der Bank angerufen**, um eine Kreditanfrage zu stellen.
Sie **rief bei ihm zu Hause an**, weil er über sein Handy nicht erreichbar war.
Als sie bei dem Unfall einen Verletzten sah, hat sie das Krankenhaus **um Hilfe angerufen**.

der Notfall -"e: emergency
bei der Polizei anrufen: to call the police
beim Arzt anrufen: to call the doctor
einen Termin vereinbaren: to make an appointment
die Ausländerbehörde -n: foreigners' registration office
bei der Auskunft anrufen: to call the information
bei der Bank anrufen: to call the bank
die Kreditanfrage -n: credit request
bei jdm. zu Hause anrufen: to call sb.'s home
erreichbar sein: to be reached
der Verletzte -n: injured person
um Hilfe anrufen: to call for help

87. steigen: to climb, to rise, to increase, to get on, to get off
steigt, stieg, ist gestiegen

1.

Der Schornsteinfeger **stieg** mit einer Leiter **aufs Dach**.
Sie ist **auf ihr Fahrrad gestiegen** und losgefahren.
Ich bin so müde, dass ich nicht **aus dem Bett steigen** kann.
An dieser Haltestelle können wir **in den Bus steigen**.
Sie **stiegen aus dem Bus** und betraten den Gehweg.
Die Praxis ist auf der oberen Etage. Sie können **die Treppen steigen**.
Wir sind mit einem Team **auf einen Berg** in Höhe von 900 Metern **gestiegen**.
Die alte Dame hatte Schwierigkeiten, **die Treppen** zu **steigen**. Sie wollte den Aufzug benutzen.

der Schornstein -e: chimney
der Schornsteinfeger -: chimney sweep
die Leiter -n: ladder
auf das Dach steigen: to climb on the roof
auf das Fahrrad steigen: to get on the bike
losfahren: to hit the road, to drive off
aus dem Bett steigen: to get out of bed
an der Haltestelle: at the bus stop
in den Bus steigen: to get on the bus
aus dem Bus steigen: to get off the bus
den Gehweg betreten: to enter the sidewalk
auf der oberen Etage: on the upper floor
die Treppen steigen: to climb stairs
auf einen Berg steigen: to climb a mountain
Schwierigkeiten haben, etwas zu tun: to have difficulty doing sth.
den Aufzug benutzen: to use the elevator

2.

Wir haben ein hervorragendes Wetter, um **einen Drachen steigen** zu **lassen**.
Ihr stiegen die Tränen in die Augen, als sie ihre Tochter das erste Mal laufen sah.
Er hat heute das erste Mal meine Hand gehalten. **Mir stieg die Röte ins Gesicht.**

hervorragend: excellent
einen Drachen steigen lassen: to fly a kite
die Tränen stiegen ihr in die Augen : her eyes welled up with tears
die Träne -n: tear
das Auge -n: eye
die Röte: redness
das Gesicht -er: face

3.

Die Abschlussparty **steigt am Freitag**.
Die hohen Temperaturen steigen jedes Jahr.
Die Preise für Fleisch sind deutlich **gestiegen**.
Die Immobilien sind im Vergleich zu letztem Jahr **im Preis** deutlich **gestiegen**.
Unser Chef hat uns fröhlich mitgeteilt, dass dieses Jahr **unser Umsatz** um 30% **gestiegen** ist.

die Abschlussparty -s: graduation party, closing party
am Freitag steigen: to take place on Friday
Die Temperatur steigt. : The temperature is increasing.
der Preis -e: price
das Fleisch: meat
im Vergleich zu: compared to
fröhlich: happily, cheerfully
jdm. mitteilen, dass ... : to tell sb. that ...
der Umsatz -"e: turnover, sales, revenue
Der Umsatz ist um %30 gestiegen. : The sales increased by 30%.

einsteigen: to get on/in, to climb in, to enter in/into a business
steigt ein, stieg ein, ist eingestiegen

1.

Steig in den Wagen ein. Wir fahren los.
Steigen Sie bitte **vorne beim Fahrer ein**.
Ich bin gerade **in die Bahn eingestiegen**. In 15 Minuten bin ich da.
Du musst dir eine Fahrkarte kaufen, bevor du **in den Zug einsteigst**.
Ich habe **dich in den Zug einsteigen sehen**.
Der Dieb ist **durch das Fenster eingestiegen**.

in den Wagen einsteigen: to get into the car
vorne: at the front
in die Bahn einsteigen: to get on the train
eine Fahrkarte kaufen: to buy a ticket
in den Zug einsteigen: to get on the train
jdn. in den Zug einsteigen sehen:
to see sb. get on the train
der Dieb -e: thief
durch das Fenster einsteigen: to get in through the window

2.

Er möchte in der Zukunft **in die Politik einsteigen**.
Viele Forscher sind mit großem Interesse **ins Projekt eingestiegen**.
Sie hat ihr Studium erfolgreich abgeschlossen und ist danach **ins Berufsleben eingestiegen**.

in der Zukunft: in the future
in die Politik einsteigen: to get into politics
der Forscher -: researcher
mit großem Interesse: with great interest
ins Projekt einsteigen: to participate in the project (to start)
das Studium - die Studien: studies
das Studium erfolgreich abschließen: ~to graduate successfully from university
ins Berufsleben einsteigen: to start the professional life

aussteigen: to get off, to get out of, to quit
steigt aus, stieg aus, ist ausgestiegen

Bitte **steigen** Sie **aus dem Auto aus**.
An der nächsten Haltestelle musst du **aussteigen**.
Sie **stieg aus**, um das Auto zu tanken.
Ich bin **eine Haltestelle früher aus dem Zug ausgestiegen**.
Der Zug hielt an der Endstation und alle Fahrgäste **stiegen aus**.
Ein Taxi stand vor der Tür und eine schöne Frau ist **aus dem Taxi ausgestiegen**.

aus dem Auto aussteigen: to get out of the car
an der nächsten Haltestelle aussteigen:
to get off at the next stop
tanken: to fuel, to refuel
eine Haltestelle früher aussteigen:
to get off one stop earlier
aus dem Zug aussteigen: to get off the train
die Endstation: last stop
der Fahrgast -"e: passenger

Zwei Ingenieure sind **aus dem Projekt ausgestiegen**.
aus dem Projekt aussteigen: to drop out of the project, to leave the project

umsteigen: to change, to switch
steigt um, stieg um, ist umgestiegen

1.

Du musst **vom Zug in die S-Bahn umsteigen**.
Ich muss von der Arbeit bis nach Hause **zweimal umsteigen**.
Wir müssen **an der nächsten Haltestelle in den Bus umsteigen**.
Sie ist **am nächsten Bahnhof umgestiegen**.
An welcher Haltestelle muss ich **umsteigen**?
- Sie müssen **in Düsseldorf umsteigen**.

vom Zug in die S-Bahn umsteigen: to change from the train to the suburban train
von der Arbeit bis nach Hause: from work to home
zweimal umsteigen: to change twice
an der nächsten Haltestelle in den Bus umsteigen: to change to the bus at the next stop
am nächsten Bahnhof umsteigen: to change at the next train station
in Düsseldorf umsteigen: to change in Düsseldorf

2.

Zum Schutz der Umwelt ist es ratsam, **vom Auto auf die Bahn umzusteigen**.
Meine Mutter musste **auf ein anderes Medikament umsteigen**, weil sie die Letzten nicht vertragen konnte.

auf etw.(A) umsteigen: to switch(change) to sth.
zum Schutz der Umwelt: to protect the environment
ratsam: advisable
vom Auto auf die Bahn umsteigen: to change from car to train
das Medikament -e: medicine, drug, pill, medication
vertragen: to tolerate, to take, to stand

88. reparieren: to repair
repariert, reparierte, hat repariert

1.

Mein Vater hat **mein Fahrrad repariert**.
Der tropfende Wasserhahn muss **repariert werden**.
Ich habe es geschafft, **das Auto selbst** zu **reparieren**.
Ist es möglich, **den kaputten Reifen** zu **reparieren**?
Können wir **das reparieren** oder sollen wir den Mechaniker rufen?
Weißt du, wie man **diese Uhr reparieren** kann?
Ich habe ihm beigebracht, wie er **seinen Computer reparieren** kann.

der tropfende Wasserhahn: the dripping faucet
repariert werden: to be repaired
es schaffen, etw. zu tun: to manage to do sth.
der Reifen -: tire
kaputt: broken
einen Mechaniker rufen: to call a mechanic
eine Uhr reparieren: to repair a watch
jdm. etw. beibringen: to teach sb. sth.
einen Computer reparieren: to repair a computer

2.

etw. reparieren lassen: to have sth. repaired

Ich denke es wird dich viel kosten, **die Kamera reparieren** zu **lassen**.
Ich habe mein Handy an den Hersteller zurückgeschickt, um **es reparieren** zu **lassen**.
Ich muss in die Werkstatt, um **mein Auto reparieren** zu **lassen**.
Wie viel würde es mich kosten, **den Kühlschrank reparieren** zu **lassen**?

jdn. viel kosten: to cost sb. a lot
der Hersteller -: manufacturer, producer
zurückschicken. to send back
die Werkstatt -"en: workshop, car service station
der Kühlschrank -"e: refrigerator

89. einladen: to invite, to load
lädt ein, lud ein, hat eingeladen

1.

jdn. zu etw.(D) einladen: to invite sb. for/to sth.

Ich **bin** heute Abend **zur Party eingeladen**.
Lädst du **deine alten Freunde zu deiner Hochzeit ein**?
Wen hast du **zu deinem Geburtstag eingeladen**?
Ich möchte **dich zu einer Reise um die Welt einladen**.
Sie lädt **mich nach Köln zu ihrer Familie ein**.
Ich habe **sie** am Wochenende **zum Essen eingeladen**.
Die Eltern von meiner Freundin haben **mich zum Abendessen eingeladen**.
Komm herein. Ich möchte **dich auf einen Kaffee einladen**.
Meine Nachbarin hat **mich zu einer Tasse Tee eingeladen**.

eingeladen sein: to be invited | *die Hochzeit -en*: wedding
jdn. zum Geburtstag einladen: to invite sb. for/to a birthday party
eine Reise um die Welt: a trip around the world
jdn. zum Essen einladen: to invite sb. to lunch/dinner
jdn. auf einen Kaffee einladen: to invite sb. for a coffee
jdn. zu einer Tasse Tee einladen: to invite sb. for a cup of tea

2.

Wenn mein Ex-Freund auch **eingeladen ist**, habe ich dort nichts zu suchen.
Du hast **mich** zwar **eingeladen**, aber ich habe an dem Tag schon etwas vor.
Alex hat **mich ins Kino eingeladen**. Aber ich weiß noch nicht, ob ich seine Einladung annehmen soll.

Ich habe dort nichts zu suchen. : I have no business there.
zwar ... aber: indeed ... but
an dem Tag: on that day
vorhaben: to intend, to plan
jdn. ins Kino einladen: to invite sb. to the movies/cinema

3.

einladen: to load
Morgen ist der Umzug. Die ganzen Sachen müssen noch **in das Fahrzeug eingeladen** werden.

der Umzug -"e: move
die Sache -n: thing, object, item, matter
in ein Fahrzeug einladen: to load into the vehicle

90. bekommen: to get, to receive
bekommt, bekam, hat bekommen

1.

Was hast du alles **zum Geburtstag bekommen**?
Ich habe **zum Geburtstag eine Uhr bekommen**.
Sie hat **zu ihrem Geburtstag viele Geschenke bekommen**.
Sie **bekam einen Brief von** der Ausländerbehörde.
Bekommst du **dein Gehalt** am Monatsende?
Für diese Arbeit **bekommst** du **15 Euro die Stunde**.
Ich habe **diesen Hut von** meiner Freundin **geschenkt bekommen**.
Ich habe **Hunger bekommen**. Sollen wir etwas essen?
Im Krankenhaus **bekam** ich immer **schreckliches Essen**.
Wo bekommt man hier etwas zu essen?
In der Schule habe ich gute Leistung gezeigt. Ich habe **von** meinen Eltern **eine Belohnung bekommen**.

zum Geburtstag etw. bekommen: to get sth. for birthday
viele Geschenke bekommen: to get many presents
das Geschenk -e: gift, present
einen Brief bekommen: to receive a letter
die Ausländerbehörde -n: foreigners' registration office
Gehalt bekommen: to get salary
das Gehalt -"er: salary
15 Euro die Stunde bekommen: to get 15 euros per hour
einen Hut geschenkt bekommen: to receive a hat as a gift
Hunger bekommen: to get hungry
schreckliches Essen bekommen: to get terrible food
die Leistung -en: performance
eine Belohnung bekommen: to get a reward

2.

Bekomme ich **noch eine Chance von dir**?
Er hat **von** seiner Freundin **eine Ohrfeige bekommen**.
Ab Montag **bekommen** wir **Regen und sinkende Temperaturen**.
Der Schuldige **bekam** wegen Geldfälschung **zwei Jahre Gefängnisstrafe**.
Er hat **die Stelle als Bankkaufmann** nicht **bekommen**.
Hast du schon **eine Stelle bekommen**? - Nein, ich bin noch auf der Suche.
Der Steuerberater **bekam den Auftrag**, die Steuererklärung zu überprüfen.

noch eine Chance von jdm. bekommen: to get one more chance from sb.
eine Ohrfeige bekommen: to get a slap in the face

Regen und sinkende Temperaturen bekommen: *to get rain and falling temperatures*
die Geldfälschung: *counterfeiting money*
eine Gefängnisstrafe bekommen: *to get a prison sentence*
eine Stelle als Bankkaufmann bekommen: *to get a job as a bank clerk*
noch auf der Suche sein: *to be still looking*
der Steuerberater -: *tax consultant / advisor*
einen Auftrag bekommen: *~to get a commission / an order*
die Steuererklärung -en: *tax declaration*
überprüfen: *to check, to review*

3.

Ich weiß nichts davon, dass sie **ein Kind bekommen** hat.
Mein Kind hat mit 7 Monaten **seine ersten Zähne bekommen**.
Männer **bekommen** häufiger **eine Glatze** als Frauen.
Schon mit 30 Jahren habe ich **meine ersten grauen Haare bekommen**.
Ich **bekam Gänsehaut** durch die gruseligen Geschichten.
Wegen der Sonne habe ich **Flecken an meiner Haut bekommen**.
Meine Tante wurde ins Krankenhaus transportiert, weil sie **einen Schlaganfall bekommen** hatte.

ein Kind bekommen: *to have a baby*
Zähne bekommen: *to cut teeth, to get teeth*
der Zahn -"e: *tooth*
eine Glatze bekommen: *to go bald, to be balding*
graue Haare bekommen: *to go gray*
eine Gänsehaut bekommen: *to get goosebumps*
gruselig: *creepy*
die Geschichte -n: *story*
Flecken an meiner Haut bekommen: *to get spots on my skin*
der Fleck -en: *spot*
einen Schlaganfall bekommen: *to have a stroke*

4.

Der Urlaub **ist** mir gut bekommen.
Das Essen gestern Abend **ist** mir nicht gut bekommen.

*etwas ist **jdm. gut bekommen***: *~sth. is good for sb., to suit sb.*
*etwas ist **jdm. nicht gut bekommen***: *~sth. is not good for sb.*

91. erhalten: to receive, to obtain, to preserve
erhält, erhielt, hat erhalten

1.

Ich habe **einen Brief vom** Finanzamt **erhalten**.
Ich habe **deine E-Mail** noch nicht **erhalten**.
Hast du **die Nachricht erhalten**, die ich dir gestern gesendet habe?
Ich möchte **eine klare Antwort auf meine Frage erhalten**.
Ich habe **von** der Bankkauffrau **Informationen über mein Konto erhalten**.
Gestern habe ich **von** der Rentenversicherung **einen Bescheid erhalten**.
Woher hast du deine Ohrringe? - Ich habe **sie als Geschenk erhalten**.
Ich habe vom Flohmarkt **ein sehr gut erhaltenes Radio** gekauft.

einen Brief vom Finanzamt erhalten: to receive a letter from the tax office
eine E-Mail / Nachricht / Antwort erhalten: to receive an email / a message / a reply
von jdm. Informationen über etw. erhalten: to receive information about sth. from sb.
die Rentenversicherung -en: pension insurance
einen Bescheid erhalten: to receive a notice / notification, to be informed
der Ohrring -e: earring
etwas als Geschenk erhalten: to receive sth. as a gift
der Flohmarkt -"e: flea market
ein sehr gut erhaltenes Radio: a very well-preserved radio

2.

Sobald er **das Geld erhalten** hatte, ging er zur Bank.
Erhältst du **viele Anrufe** aus dem Ausland?
Er dankte ihm für **die Hilfe, die** er **von ihm erhalten** hatte.
Ich habe **den Eindruck erhalten**, dass sie mich nett findet.
Ich habe **eine Strafe erhalten**, weil ich falsch geparkt habe.
Wegen ihrer Schuld hat sie **fünf Jahre Gefängnis erhalten**.

sobald: as soon as
einen Anruf aus dem Ausland erhalten: to receive a call from abroad
einen Eindruck erhalten: to receive/get an impression
jdn. nett finden: to think sb. is nice
eine Strafe erhalten: to get a penalty, to be punished
wegen ihrer Schuld: because of her guilt
das Gefängnis -se: prison
fünf Jahre Gefängnis erhalten: to be sentenced to five years in prison

92. abholen: to pick up, to fetch
holt ab, holte ab, hat abgeholt

Soll ich **dich vom Flughafen abholen**?
Ich fahre zum Flughafen, um **meine Freundin ab**z**uholen**.
Kannst du **mich** morgen früh **vom Bahnhof abholen**?
Könntest du für mich **ein Paket von der Post abholen**?
Ich habe **ihn** mit dem Auto **an der Bushaltestelle abgeholt**.
Holen Sie **die Tickets an der Kasse ab** und betreten Sie dann den Saal.
Ich habe jetzt keine Zeit. Ich muss **mein Kind von der Schule abholen / aus dem Kindergarten abholen**.
Du brauchst **mich** nicht **ab**z**uholen**. Ich komme schon mit der Bahn.
Morgen **wird der Müll abgeholt**. Vergiss nicht, den Müll rauszubringen.
Kannst du **mich abholen kommen**?

jdn. vom Flughafen abholen: to pick sb. up from the airport
jdn. vom Bahnhof abholen: to pick sb. up from the train station
ein Paket von der Post abholen: to pick up a package from the post office
jdn. an der Bushaltestelle abholen: to pick sb. up at the bus stop
ein Ticket an der Kasse abholen: to pick up a ticket at the ticket desk
einen Saal betreten: to enter a hall
Kinder von der Schule abholen: to pick up children from school
der Müll: garbage
den Müll rausbringen: to bring out the garbage
jdn. abholen kommen: to come to pick sb. up

93. bestellen: to order
bestellt, bestellte, hat bestellt

1.

Guten Tag! Haben Sie schon **etwas bestellt**?
Ich rief den Kellner, um **etwas** zu **bestellen**.
Ich habe **mir eine Pizza bestellt**, weil ich keine Lust hatte zu kochen
Zum Geburtstag hat er **mir Eintrittskarten** für das Konzert **bestellt**.
Bestell dir ein Taxi, falls du keine Lust auf die Bahn hast.
Ich würde gerne **einen Tisch für zwei Personen bestellen**.
Ich würde gerne **das Gleiche bestellen**.

den Kellner rufen: to call the waiter
sich(D) eine Pizza bestellen: to order a pizza
keine Lust haben, etwas zu tun: to not feel like doing sth.
die Eintrittskarte -n: entrance ticket
sich(D) ein Taxi bestellen: to call a taxi
falls: if
einen Tisch für zwei Personen bestellen: to reserve a table for two people
das Gleiche bestellen: to order the same

2.

Auf Wiedersehen! **Bestell deiner Familie viele Grüße!**
Die Größe haben wir nicht auf Lager. Können wir aber **bestellen**.
Ich habe **mir im Internet ein Kleid** für die Geburtstagsfeier **bestellt**.
Sie wartet schon seit zwei Wochen auf **die bestellte Ware**.
Sie können **die Ware im Internet für einen günstigen Preis bestellen**.
Meine Waschmaschine funktionierte nicht mehr. Ich musste **ein Ersatzteil bei der Firma bestellen**.

jdm. Grüße bestellen: to send sb. one's regards
der Gruß -"e: greeting(s), regards
die Größe -n: size
auf Lager: in stock
sich(D) im Internet ein Kleid bestellen: to order a dress online
für die Geburtstagsfeier: for the birthday party
auf die bestellte Ware warten: to wait for the ordered article
die Ware -n: goods, article, product
etw. für einen günstigen Preis bestellen: to order sth. for a favorable price
die Waschmaschine -n: washing machine
das Ersatzteil -e: replacement(spare) part

94. besuchen: to visit
besucht, besuchte, hat besucht

1.

Komm mich doch morgen **besuchen**.
Lass uns am Wochenende **meine Oma besuchen gehen**.
Wir **besuchen** morgen **unsere Großeltern** im Altersheim.
Ich kaufe Blumen, weil ich heute Abend **meine Freundin besuche**.
Jedes Jahr **besuchen** wir **unsere Verwandten**, die im Ausland leben.
Gestern war ich im Krankenhaus, um **meinen kranken Vater** zu **besuchen**.
Ich habe heute **kurz meine Freundin besucht**. Sie hatte mich auf einen Kaffee eingeladen.
Welches Land würdest du gern **besuchen**?
New York ist einer der Orte, die ich gerne **besuchen** würde.

jdn. besuchen kommen/gehen: to come/go to see sb.
die Oma -s: grandma
unsere Großeltern besuchen: to visit our grandparents
das Altersheim -e: home for senior citizens
meine Freundin besuchen: to visit my girlfriend
unsere Verwandten besuchen: to visit our relatives
im Ausland leben: to live abroad
das Krankenhaus -"er: hospital
meinen kranken Vater besuchen: to visit my sick father
jdn. auf einen Kaffee einladen: to invite sb. for a coffee

2.

Es lohnt sich, **diesen Sprachkurs** zu **besuchen**.
Ich **besuche dieselbe Schule** wie Sarah.
Meine Tochter **besucht** seit zwei Jahren **den Kindergarten**.
Meine Tochter wird im nächsten Schuljahr **das Gymnasium besuchen**.
Sie hat zwei kleine Kinder, die noch **die Grundschule besuchen**.
Mein Sohn geht noch in den Kindergarten und freut sich, dass er bald **die Grundschule besuchen** wird.

sich(A) lohnen, etw zu tun: to be worth doing sth.
einen Sprachkurs besuchen: to attend a language course
einen Kindergarten besuchen: to attend a kindergarten
die Grundschule / das Gymnasium besuchen: to attend elementary school / high school
sich(A) freuen: to look forward to

95. vergessen: to forget
vergisst, vergaß, hat vergessen

1.
Das habe ich total **vergessen**!
Lass uns **die Sache vergessen**.
Ich habe **mein Handy zuhause vergessen**.
Sie hat **den Termin beim Arzt** ganz **vergessen**.
Sie **vergaß ihre Geldbörse** auf dem Tisch.
Ich habe **völlig vergessen**, dich zurückzurufen.
Ich habe **vergessen**, ihre Telefonnummer aufzuschreiben.
Er hat **vergessen**, seinen Ausweis mitzubringen.
Er hat in der Eile **vergessen**, seinen Pass mitzunehmen.
Vergiss heute **nicht**, deine Hausaufgaben zu erledigen.

die Sache -n: matter, thing, object, item
den Termin beim Arzt vergessen: to forget the appointment with the doctor
die Geldbörse -n: wallet, purse
völlig vergessen: to forget completely
aufschreiben: to write down
der Ausweis -e: identity card
die Hausaufgaben erledigen: to do the homework

2.
Oh nein! Ich habe **meine Jacke im Zug vergessen**!
Können wir **vergessen**, was in der Vergangenheit geschehen ist?
Vergiss bitte **nicht**, das Fenster zu schließen, bevor du die Wohnung verlässt.
Bevor ich es vergesse, gestern hat deine Freundin nach dir gefragt.
Ich hatte sehr schöne Schulzeiten. Ich werde sie nicht so **leicht vergessen**.
Ich habe **den Schlüssel zu Hause vergessen** und muss jetzt den Schlüsseldienst rufen.

meine Jacke im Zug vergessen: to forget my jacket on the train:
in der Vergangenheit: in the past
geschehen: to happen
bevor du die Wohnung verlässt: before you leave the apartment
nach jdm. fragen: to ask about sb.
die Schulzeit -en: schooldays
leicht vergessen: to forget easily
den Schlüssel vergessen: to forget the key
den Schlüsseldienst rufen: to call the locksmith
etw. auf einem Zettel notieren: to write sth. down on a piece of paper
vergesslich: forgetful

96. sich erinnern: to remember
erinnert sich, erinnerte sich, hat sich erinnert

1.

sich(A) an jdn./etw. erinnern: to remember sb./sth.

Ich kann **mich** nicht **an Sie erinnern**.
Ich **erinnere mich** gern **an meine Kindheit**.
Seit dem Unfall kann ich **mich an nichts erinnern**.
Sie kann **sich** noch sehr gut **an unseren letzten Treff erinnern**.
Erinnerst du **dich** noch, wie wir zusammen auf der Straße spielten?
Soweit ich **mich erinnern** kann, hatte sie damals lange braune Haare.

sich(A) an meine Kindheit erinnern: to remember my childhood
seit dem Unfall: since the accident
sich(A) an nichts erinnern: to not remember anything
sich(A) an unseren letzten Treff erinnern: to remember our last meeting
der Treff -s: meeting
auf der Straße spielen: to play on the street
soweit: as far as
damals: at that time, back then

2.

Wenn ich **mich recht erinnere**, sind sie Geschwister.
Ich kann **mich** nicht **erinnern**, wann mein letzter Zahnarztbesuch war.
Jetzt **erinnere** ich **mich wieder**, wo ich meinen Schlüssel hingelegt habe.
Ich kann **mich an den Namen** meines alten Schulkameraden nicht **erinnern**.
Ich glaube, dass sie ein Tattoo an der Schulter hatte. Ich **erinnere mich** nicht **genau**.

sich(A) recht erinnern: to remember correctly
die Geschwister (pl.): siblings
der Zahnarztbesuch -e: dentist appointment
jdn./etw. hinlegen: to put sb./sth. down
sich(A) an den Namen erinnern: to remember the name
der Schulkamerad -en: classmate, schoolmate
ein Tattoo an der Schulter haben: to have a tattoo on the shoulder
sich(A) genau erinnern: to remember exactly

erinnern: to remind
erinnert, erinnerte, hat erinnert

jdn. an jdn./etw. erinnern: to remind sb. of sb./sth.
jdn. an etw. erinnern: to remind sb. about sth.

Dieses Spielzeug **erinnert mich an meine Kindheit**.
Könnten Sie **mich** bitte noch einmal **an den Termin erinnern**?
Wir möchten **Sie daran erinnern, dass** Sie eine offene Rechnung haben.
Mein letzter Urlaub hat **mich daran erinnert, wie** wunderschön unser Land ist.
Ich sah heute im Bus ein Mädchen, das **mich an meine Ex-Freundin erinnerte**.

das Spielzeug -e: toy
noch einmal: again, once more
jdn. an den Termin erinnern: to remind sb. of the appointment
offene Rechnung: open account, outstanding balance, unpaid bill
die Rechnung -en: bill, invoice
jdn. daran erinnern, dass ... : to remind sb. that ...

97. sich interessieren: to be interested in
interessiert sich, interessierte sich, hat sich interessiert

1.
sich(A) für jdn./etw. interessieren: to be interested in sb./sth.

Ich **interessiere mich für Fußball**.
Sie **interessiert sich** nicht **für Politik**.
Ich habe **mich** noch nie **für Schwimmen interessiert**.
Ich **interessiere mich für Ihre Stellenanzeige** als Arzthelferin.
Sie hat s**ich für den gutaussehenden Jungen** auf der Party **interessiert**.

sich(A) für Fußball interessieren: to be interested in football
sich(A) für Politik interessieren: to be interested in politics
die Stellenanzeige -n. *job advertisement*
die Arzthelferin -nen: *doctor's assistant*
gutaussehend: *handsome, good-looking* | **der Junge -n**: *boy*

2.
jdn. interessieren: to interest sb.

Mich interessieren viele Sportarten.
Das Thema Sprachkenntnisse **interessiert mich** sehr.
Interessiert es **dich** noch überhaupt, wie es mir geht?
Dein Gerede über Autos **interessiert mich** überhaupt nicht.
Früher fand ich das Fach Biologie langweilig. Doch jetzt **beginnt es mich zu interessieren**.

die Sportart -en: *kind of sport* | *die Sprachkenntnis -se*: *language skills*
das Gerede: *talk, gossip*
etw. langweilig finden: *to find sth. boring*
jd./etw. beginnt jdn. zu interessieren: *sb./sth. starts to interest sb.*

3.
an jdm./etw. interessiert sein: to be interested in sb./sth.

Ich bin **an dem Angebot für die Gruppenreise interessiert**.
Viele Jungs in der Schule sind **an diesem Mädchen interessiert**.
Ich bin **an dem Projekt** sehr **interessiert** und kann es kaum erwarten, daran zu arbeiten.

an einem Angebot interessiert sein: *to be interested in an offer*
an einem Projekt interessiert sein: *to be interested in a project*
an einem Mädchen interessiert sein: *to be interested in a girl*
Ich kann es kaum erwarten, etwas zu tun. : *I can't wait to do sth.*

98. gehören: to belong to, to be part of
gehört, gehörte, hat gehört

1.

jdm. gehören: to belong to sb.
irgendwohin(A) gehören: to belong somewhere

Das Auto, das vor dem Haus steht, **gehört mir**.
Mein Herz **gehört einem anderen**.
Wem gehört die Jacke, die hinter der Tür hängt.
Ihre Frage gehört jetzt nicht **hierher**.
Jeder sollte es wissen, Müll **gehört in den Mülleimer.**

das Herz -en: heart
einem anderen gehören: to belong to someone else
Wem gehört die Jacke? : Whose jacket is that?
der Mülleimer -: bin, garbage can, dustbin

2.

zu jdm./etw.(D) gehören: to belong to sb./sth.
zu etw.(D) gehören: to be part of sth.

Das neue Haustier **gehört** jetzt **zur Familie**.
Ihre Aussage **gehört** jetzt aber nicht **zum Thema**.
Das Oktoberfest **gehört zu der deutschen Kultur**.
Er **gehört zu den besten Schriftstellern** in Deutschland.
Die Höhen und Tiefen **gehören zum Leben** dazu.
Es **gehört** Mut dazu, Hindernisse zu überwinden.

das Haustier -e: pet
zur Familie gehören: to be part of the family
die Aussage -n: statement
zum Thema gehören: to be part of the topic
zu der deutschen Kultur gehören: to be part of German culture
zu den besten Schriftstellern gehören: to be among the best writers
zu den Besten gehören: to be among the best
die Höhen und Tiefen: the ups and downs
die Höhe -n: height | *die Tiefe -n*: depth
zum Leben gehören: to be part of life
es gehört Mut dazu, etwas zu tun: it takes courage to do sth.
das Hindernis -se: obstacle, hindrance
überwinden: to overcome

3.

sich(A) gehören: to be proper

Es gehört sich nicht, mit vollem Mund zu sprechen.
Der Winter war sehr kühl, **wie es sich gehört.**

Es gehört sich nicht, etw. zu tun : *It is not proper to do sth.*
mit vollem Mund sprechen: *to speak with one's mouth full*
wie es sich gehört: *as it should be*

99. handeln: to trade, to deal, to be about, to haggle, to act
handelt, handelte, hat gehandelt

1.

mit etwas handeln: to trade/deal in sth.
mit Blumen, Handys, Gebrauchtwagen(used cars) handeln

Er **handelt** weiterhin **mit illegalen Drogen**.
Die Firma versucht ihren Gewinn zu steigern, indem sie **mit ausländischen Firmen handelt**.

mit Drogen handeln: *to peddle drugs*
den Gewinn steigern: *to increase the profit*
mit ausländischen Firmen handeln: *to trade with foreign companies*

2.

sich(A) um jdn./etw. handeln: to be about sb./sth.
von jdm./etw. handeln: to be about sb./sth.

Worum handelt es sich in dem Film?
Darum handelt es sich nicht.
Bei diesem Buch **handelt es sich um** einen klassischen Roman.
Es handelt sich bei ihrem Opa **um** eine ernsthafte Krankheit.
Das Buch **handelt von** einem Mann, der sich in eine Frau verliebt.

Worum handelt es sich in dem Film?: *What is the film about?*
der Roman -e: *novel*
ernsthaft: *serious*
die Krankheit -en: *illness, disease*
von einem Mann handeln: *to be about a man*
sich(A) in eine Frau verlieben: *to fall in love with a woman*

3.

etw. handeln: to haggle, to bargain, to negotiate, to trade

Hast du **bei deinem Einkauf gehandelt**?
Über den Preis **lasse** ich **mit mir** nicht **handeln**.
Auf dem Automarkt **handelte** er sehr **hartnäckig**.
In dem Laden von Herrn Schmitz kann man gar nicht **handeln**.
Auf dem Markt werden die Tomaten schon für zwei Euro **gehandelt**.
Wenn du **handelst**, kannst du die Sachen auf dem Markt billiger bekommen.

der Einkauf -"e: purchase
Über den Preis lasse ich mit mir nicht handeln. : *The price is not open to negotiation.*
hartnäckig: persistent, persistently
der Laden -": shop, store
Die Tomaten werden schon für zwei Euro gehandelt. :
The tomatoes are traded for two euros.
die Sachen billiger bekommen: to get things cheaper

4.

Er **handelt** immer respektvoll **an seinen Eltern**.
Du musst in schwierigen Situationen richtig **handeln**.
Als der Patient einen Herzinfarkt bekam, haben die Ärzte sofort **gehandelt**.

an seinen Eltern respektvoll handeln: to act respectfully to his parents
in schwierigen Situationen richtig handeln: to act correctly in difficult situations
einen Herzinfarkt bekommen: to have a heart attack

100. verbinden: to connect, to combine, to associate
verbindet, verband, hat verbunden

1.

Hast du **die Wunde** sofort **verbunden**?
Hast du einen Kleber, um **die beiden Kabeln** zu **verbinden**?
Die Brücken **verbinden den asiatischen und europäischen Teil Istanbuls**.
Tut mir leid, Sie sind **falsch verbunden**.
Es ist nichts zwischen uns. Wir sind uns **nur freundschaftlich verbunden**.

die Wunde -n: *wound*
der Kleber -: *adhesive tape, glue*
asiatisch: *Asian*
europäisch: *European*
der Teil -e: *part*
falsch verbunden: *~wrong number*
Wir sind uns nur freundschaftlich verbunden. : *~ We are only friends.*

2.

etw. mit etwas verbinden: *to connect/combine sth. with sth.*
jdn. mit jdm. verbinden: *to connect sb. with sb.,*
to associate sb. with sb., to put sb. through to sb.

Der Computer ist **mit dem Internet verbunden**.
Die Treppe **verbindet das Erdgeschoss mit der oberen Etage**.
Weißt du, wie man **den Drucker mit dem Rechner verbindet**?
Könnten Sie **mich mit der Verkaufsabteilung verbinden**?
Ich habe mit Sabine Schluss gemacht. **Mit ihr verbindet mich** nichts mehr.
Die Meeresverschmutzung und **die damit verbundenen Kosten** steigen. Jedes Jahr sterben Tiere an dem Plastikmüll.

das Erdgeschoss -e: *ground floor*
die obere Etage: *the upper floor*
den Drucker mit dem Rechner verbinden: *to connect the printer to the computer*
jdn. mit einer Abteilung verbinden: *to connect sb. with a department*
die Verkaufsabteilung -en: *sales department*
mit jdm. Schluss machen: *to break up with sb.*
die Meeresverschmutzung -en: *marine pollution, pollution of the sea*
an dem Plastikmüll sterben: *to die from plastic waste*

3.

sich(A) mit etw. verbinden: to combine/connect with sth.
sich(A) mit jdm. verbinden: to connect/associate with sb., to join to sb.

Mein Handy **verbindet sich** nicht **mit dem WLAN**.

sich(A) ***mit dem WLAN verbinden****: to connect to the WiFi*

101. bedeuten: to mean
bedeutet, bedeutete, hat bedeutet

1.

Was **bedeutet** dieses Wort?
Das Wort Assi **bedeutet** eigentlich asozial.
Ich erkläre dir, was das **bedeutet**.
Was **bedeutet** eigentlich der Begriff "Literatur"?
Was soll das bedeuten?

Was bedeutet dieses Wort? : What does that word mean?
eigentlich: actually
jdm. etwas erklären: to explain sth. to sb.
der Begriff -e: term
Was soll das bedeuten? : What does it mean? What is that supposed to mean?

2.

jdm. etwas / wenig / nichts / alles bedeuten:
to mean sth./ little / nothing / everything to sb.

Deine Freundschaft **bedeutet mir sehr viel**.
Seine Familie **bedeutet ihm eine ganze Menge**.
Meine glückliche Ehe **bedeutet mir alles**.
Du **bedeutest mir nichts**, weil du mir das Herz gebrochen hast.
Das gemeinsame Essen **hatte nichts** zu **bedeuten**. Ich empfinde nichts für ihn.
Es regnet draußen. **Das bedeutet, dass** wir heute nicht grillen können.
Der Zug ist ausgefallen. **Das bedeutet, dass** ich mich zum Vorstellungsgespräch verspäten werde.

die Freundschaft -en: friendship
eine ganze Menge: quite a lot
meine glückliche Ehe: my happy marriage
jdm. das Herz brechen: to break sb.'s heart
nichts für jdn. empfinden: to feel nothing for sb.
ausgefallen: cancelled
sich(A) zum Vorstellungsgespräch verspäten: to be late for the interview (job interview)

102. fehlen: to miss, to be missing, to be lacking
fehlt, fehlte, hat gefehlt

1.

jd./etw. fehlt

Es **fehlt Salz** im Essen.
In diesem Buch **fehlen fünf Seiten**.
In meinem Portemonnaie **fehlen zehn Euro**.
Warum hast **du** gestern **im Unterricht gefehlt**?
Er fehlt schon seit vier Tagen, weil er krankgeschrieben ist.

das Portemonnaie -s: wallet, purse
im Unterricht fehlen: to be missing in class
krankgeschrieben sein: to be on sick leave

2.

etwas fehlt jdm. : sb. is lacking sth.
sb. needs sth

Mir fehlt ein Ohrring. Hast du ihn zufällig gefunden?
Um die Tasche zu kaufen, **fehlen mir** noch **zwanzig Euro**.
Das Getränk konnte ich nicht bezahlen, weil **mir** noch **ein Euro fehlte**.
Ich kann die Jacke jetzt nicht kaufen. **Mir fehlen** noch **fünfzig Euro**.
Ich finde Julia sehr hübsch. **Mir fehlen die Worte**, wenn ich sie sehe.
Warum weinst du? **Was fehlt dir denn**?

der Ohrring -e: earring
zufällig: by chance
Was fehlt dir denn? : What's wrong with you?

3.

jemand fehlt jdm. : sb. misses sb.

Du fehlst mir sehr.
Du hast mir sehr gefehlt! Wo warst du so lange?

Du fehlst mir sehr. : I miss you very/so much.
Wo warst du so lange? : Where have you been so long?

4.

es fehlt an etw.(D): sth. is lacking
es fehlt jdm. an etw.(D): sb. is lacking sth.

Mir fehlt es an Motivation.
Im Rathaus **fehlt es an dem Personal**.
Wir möchten ein Auto kaufen. Aber **es fehlt an Geld**.
Auf meiner Geburtstagsparty **fehlte es an nichts**.
Auf der Hochzeit soll **es den Gästen an nichts fehlen**.
Den meisten Menschen fehlt es an Geduld.

im Rathaus: in the city Hall
Es fehlt an Geld. : There is a lack of money.
Es fehlt an nichts. : Nothing is missing.
Den Gästen soll es an nichts fehlen. : Nothing should be missing for the guests.
Den meisten Menschen fehlt es an Geduld. : Most people lack patience.
die Geduld: patience

103. vergleichen: to compare
vergleicht, verglich, hat verglichen

1.

etwas vergleichen: to compare sth.

Ich **vergleiche** immer **die Preise**, bevor ich etwas kaufe.
Was bemerkst du, wenn du **die zwei Fotos von mir vergleichst**?
Meine Eltern **vergleichen** jede Woche **die Angebote** der Supermärkte.

die Preise vergleichen: to compare prices
bemerken: to notice
die zwei Fotos von mir vergleichen: to compare the two photos of me
die Angebote vergleichen: to compare the offers

2.

jdn. mit jdm. vergleichen: to compare sb. with sb.
etw. mit etw. vergleichen: to compare sth. with sth.
sich(A) mit jdm. vergleichen: to compare oneself with sb.

Du **vergleichst Äpfel mit Birnen**.
Vergleich mich nicht **mit anderen**.
Er **verglich mich** immer **mit seiner Ex-Freundin**.
Wir müssen aufhören, **uns mit anderen** zu **vergleichen**.
Die Produkte kannst du auch online **miteinander vergleichen**.
Das kann man doch überhaupt nicht **miteinander vergleichen**!
Ich habe **die Kopie mit dem Original verglichen** und habe keinen Unterschied bemerkt.
Du kannst **dich** nicht **mit ihr vergleichen**. Du bist viel talentierter.

Äpfel mit Birnen vergleichen: to compare apples with pears
jdn. mit anderen vergleichen: to compare sb. with others
aufhören: to stop
die Produkte miteinander vergleichen: to compare the products (with each other)
überhaupt nicht: not at all
eine Kopie mit dem Original vergleichen: to compare a copy with the original
keinen Unterschied bemerken: to notice no difference
talentiert: talented

104. erreichen: to reach, to achieve
erreicht, erreichte, hat erreicht

1.

Wir haben **die Bahn** in letzter Sekunde **erreicht**.
Wenn wir uns beeilen, **erreichen** wir noch **den Bus**!
Meine Tochter **erreichte** gestern **das Alter von zwei Jahren**.
Sein Auto **erreicht eine Geschwindigkeit von 200 Kilometern**.
Ich kann **das Buch auf dem Regal** nicht **erreichen**, kannst du mir bitte den Stuhl geben.

eine Bahn erreichen: to reach a train
sich(A) beeilen: to hurry (up)
einen Bus erreichen: to catch/get a bus
das Alter von zwei Jahren erreichen: to reach the age of two
eine Geschwindigkeit von 200 Kilometern erreichen: to reach a speed of 200 kilometers
das Buch auf dem Regal erreichen: to reach the book on the shelf

2.

jdn. erreichen: to reach sb., to contact sb.

Um welche Uhrzeit bist du dort **erreichbar**?
Bis 18:00 Uhr können Sie **mich** im Büro **erreichen**.
Hast du **sie durch diese Nummer erreichen** können?
Unter welcher Telefonnummer kann ich **Sie telefonisch erreichen**?
Ich habe mir Sorgen gemacht, da ich **dich** nicht **erreichen** konnte.

erreichbar sein: to be reached
jdn. durch eine Nummer erreichen: to reach sb. through a number
jdn. unter einer Telefonnummer erreichen: to reach sb. on/at a phone number
jdn. telefonisch erreichen: to reach sb. by phone
sich(D) Sorgen machen: to worry

3.

etwas / alles / nichts erreichen: to achieve sth. / everything / nothing

Ich habe **im Leben alles erreicht**, was ich wollte.
Du musst fleißig lernen, wenn du **dein Ziel erreichen** möchtest.
Nimm ihn nicht als Vorbild. Er hat **im Leben nichts erreicht**.

fleißig lernen: to study hard
dein Ziel erreichen: to achieve your aim/goal
jdn. als Vorbild nehmen: to take sb. as a role model

4.

Das Hotel **ist** nur **mit dem Auto zu erreichen**.
The hotel can only be reached by car.

Der Spielplatz ist nicht weit. Er **ist zu Fuß zu erreichen**.
The playground is not far. It can be reached on foot.

zu Fuß zu erreichen sein: to be within walking distance

105. verlieren: to lose
verliert, verlor, hat verloren

1.

Ich habe **meine Geldbörse verloren**.
Ich habe im Schwimmbad **meinen Ring verloren**.
Der Mann **verlor bei dem Unfall viel Blut**.
Ich **verlor durch den Umzug viele Freunde**.
Beim Glücksspiel verlor er **sein ganzes Geld**.
Er hat **das Vertrauen seiner Eltern verloren**.
Wer **die Wette verliert**, wird ein Abendessen spendieren.

eine Geldbörse verlieren: to lose a wallet/purse
einen Ring verlieren: to lose a ring
bei dem Unfall viel Blut verlieren: to lose a lot of blood in the accident
der Umzug -"e: move
beim Glücksspiel sein ganzes Geld verlieren: to lose all his money in gambling
das Vertrauen seiner Eltern verlieren: to lose his parents' trust
eine Wette verlieren: to lose a bet
(jdm. etw.) spendieren: to buy/get (sb. sth.)

2.

Unsere Mannschaft hat **2:3 verloren**.
Du hast **das Spiel gegen mich verloren**.
Sollten wir **uns verlieren**, treffen wir uns vor dem Kino.
Durch eine tödliche Krankheit hat sie **ihre Mutter verloren**.
Die Prüfungsfragen waren so lang, dass ich **den Überblick verloren** hatte.

die Mannschaft -en: team
gegen jdn. verlieren: to lose to sb.
Sollten wir uns verlieren, ... : If we get lost ...
eine tödliche Krankheit: a deadly disease
die Prüfungsfrage -n: exam question
der Überblick -e: overview
den Überblick verlieren: to lose track of sth.

3.

Ich habe mein T-Shirt bei hoher Temperatur gewaschen. Es hat **seine Farbe verloren**.
Wir haben für die Prüfung noch drei Tage zum Lernen. Wir dürfen **keine Zeit verlieren**.
Wenn wir nicht mit genug Waffen ausgerüstet sind, werden wir **den Krieg verlieren**.
Der Anwalt versicherte seinem Mandanten, dass er **den Prozess** nicht **verlieren** wird.

bei hoher Temperatur waschen: to wash at high temperature
Farbe verlieren: to lose color
keine Zeit verlieren: to lose no time
die Waffe -n: weapon
ausgerüstet: equipped
einen Krieg verlieren: to lose a war
der Anwalt -"e: lawyer
jdm. versichern, dass ... : to assure sb. that ...
einen Prozess verlieren: to lose a case

4.

Die Möbel haben durch Beschädigung **an Wert verloren**.
Ich liebe dieses Parfum, aber der Duft **verliert sich** sehr schnell.
Meine Oma hat **sich** wieder **in ihren Erinnerungen verloren**.
Ich konnte mich auf das Unterricht nicht konzentrieren, weil ich **in Gedanken verloren war**.

die Beschädigung -en: damage
an Wert verlieren: to decrease in value
der Duft -"e: scent, smell, fragrance
sich(A) in etw.(D) verlieren: to be/get lost in sth.
die Erinnerung -en: memory
sich(A) auf etw.(A) konzentrieren: to concentrate on sth.
der Unterricht: lesson, class
sich(A) in Gedanken verlieren: to be lost in thought

106. gewinnen: to win, to gain
gewinnt, gewann, hat gewonnen

1.

Wie viel Geld hast du **im Lotto gewonnen**?
Der Boxer hat **den harten Kampf gewonnen**.
Ich habe **zwei Tickets für das Konzert gewonnen**.
Wenn du gewinnst, spendiere ich dir ein Essen im Restaurant.
Bei der Weltmeisterschaft hat er **eine Goldmedaille gewonnen**.
Unsere Mannschaft gewann **das Spiel (mit) 2:1**.

im Lotto gewinnen: to win the lottery
einen Kampf gewinnen: to win a fight
zwei Tickets für das Konzert gewinnen: to win two tickets for the concert
jdm. etw. spendieren: to get(buy) sb. sth.
bei der Weltmeisterschaft: at the world championship
eine Goldmedaille gewinnen: to win a gold medal
die Mannschaft -en: team

2.

Ich würde mich freuen, **dich als Freund gewinnen** zu können.
Ich **gewinne** langsam **den Eindruck**, dass ich mich nach den Medikamenten besser fühle.
Wir haben uns einen Hund gekauft, er ist noch ängstlich. Wir müssen **sein Vertrauen gewinnen**.

sich(A) freuen, etwas tun zu können: to be happy to be able to do sth.
jdn. als Freund gewinnen: to win sb. as a friend
einen Eindruck gewinnen, dass ... : to gain an impression that ...
sich(A) besser fühlen: to feel better
sich(D) einen Hund kaufen: to buy a dog
ängstlich: scared, anxious
jds. Vertrauen gewinnen: to gain one's trust

3.

an etw.(D) gewinnen: to gain (in) sth.

Nach der WM hat die Mannschaft viel **an Ansehen gewonnen**.
Durch diese Wandfarbe **gewinnt** dein Zimmer mehr **an Helligkeit**.
Ich hatte ein Druckgefühl im Ohr, während das Flugzeug **an Höhe gewann**.

an Ansehen gewinnen: to gain prestige
die Wandfarbe -n: wall color
an Helligkeit gewinnen: to gain in brightness
ein Druckgefühl im Ohr: a feeling of pressure in the ear
an Höhe gewinnen: to gain altitude / height
die Höhe -n: height, altitude

4.

Möge der Bessere gewinnen!: May the better one win!
Wie gewonnen, so zerronnen. : Easy come easy go.
Eine Flasche Orangensaft **wird aus zehn Orangen gewonnen**.

zerrinnen: to melt away
etw. aus etw. gewinnen: to extract sth. from sth.

Modalverben

1. können: can, to be able to
kann, konnte, hat gekonnt

1. Erlaubnis: permission

Kann ich reinkommen?
Kann ich den Chef sprechen?
Sie **können** hier nicht parken.
Du bist nicht alt genug, um wählen zu **können**.
Du **kannst** mich gerne jederzeit anrufen, wenn du meine Hilfe benötigst.
Du **kannst** nicht einfach umziehen, ohne die Erlaubnis deiner Eltern zu haben.
Ich **kann** erst dann zum Spielplatz gehen, wenn ich mein Essen aufgegessen habe.

reinkommen: to come in
alt genug: old enough
wählen: to vote, to choose
Hilfe benötigen: to need help
umziehen: to move
die Erlaubnis -se: permission
aufessen: to eat up

2. Fähigkeit, in der Lage sein: ability, to be able to

Kannst du Salsa tanzen?
Kann deine Freundin lecker kochen?
Können deine Eltern Deutsch sprechen?
Meine Tochter **kann** schon Mama und Papa sagen.
Nach dem Schwimmkurs werde ich endlich schwimmen **können**.
Wer **kann** mir die Hauptstadt von Deutschland nennen?

lecker kochen: to cook delicious
die Hauptstadt -"e: capital city
nennen: to name, to call

3. Unfähigkeit, nicht in der Lage sein:
inability, to not be able to

Mein Mann **kann** leider nicht kochen.
Ich **kann** ohne meine Brille nicht lesen.
So eine teure Wohnung **kann** ich **mir** nicht **leisten**.
Bei diesem Geschäft **kann** man nicht mit Kreditkarte zahlen.
Sie **konnte** die Tüte nicht tragen. Sie war zu schwer für sie.
Mein Sohn **kann** kein Fahrrad fahren. Er ist noch zu klein dafür.

die Brille -n: *glasses*
sich(D) etw. leisten können: *to be able to afford sth.*
eine Tüte tragen: *to carry a bag*

4. Möglichkeit: possibility, opportunity

Der Aufzug **kann** bis zu acht Personen befördern.
Bei dieser Firma **kannst** du an Geschäftsreisen teilnehmen.
Mit diesem Gutschein **kannst** du das Produkt günstiger kaufen.
Wir gehen heute Abend ins Kino. Du **kannst** gerne mitkommen.
Ich **kann** dich mit meinem Auto zur Arbeit fahren, wenn du möchtest.
Nächste Woche ist dein Geburtstag. Du **kannst** dir schon mal ein Geschenk aussuchen.

befördern: *to carry, to transport*
die Geschäftsreise -n: *business trip*
an etw.(D) teilnehmen: *to participate in sth., to take part in etw.*
der Gutschein -e: *voucher, coupon*
etwas günstiger kaufen: *to buy sth. cheaper*
mit dem Auto zur Arbeit fahren: *to drive to work by car*
sich(D) ein Geschenk aussuchen: *to choose a gift*

5. Unmöglichkeit: impossibility

Unter Wasser **kann** man nicht atmen.
Ich **kann** in der Dunkelheit nichts sehen.
Wie findest du den Mathelehrer? - Ich **kann** bei ihm nichts lernen.
Er **kann** mit dieser Krankheit nicht weiterleben. Er muss operiert werden.
Ohne Geld **kann** ich für meine Familie nicht sorgen.

atmen: *to breathe*
in der Dunkelheit: *in the dark*

der Mathelehrer: math teacher
für jdn. sorgen: to provide for sb., to look after for sb., to care for sb.

6. Vermutung: assumption, guess

a)

Der Zug **kann** jeden Moment kommen.
Es kann sein, dass es morgen regnen wird.
Ich glaube, dass Alex in dich verliebt ist. - **Kann sein**.

jeden Moment kommen: to come at any moment
Es kann sein, dass ... : It may be that ...
in jdn. verliebt sein: to be in love with sb.

b) könnten - Konjunktiv II

Wo sind meine Schlüssel? - Sie **könnten** in der Schublade sein.
Lass uns lieber morgen grillen. Heute **könnte** es regnen.
Hast du Peter gesehen? - Er **könnte** noch in der Bibliothek sein.
Marcel meldet sich seit Tagen nicht. - Er **könnte** in der Prüfungsphase sein.
Deine Schwester hat heute Zeit. Vielleicht **könnte** sie dir bei deinen Hausaufgaben helfen.

in der Schublade: in the drawer
grillen: to have a barbecue
in der Bibliothek: in the library
sich(A) melden: to get in touch
die Prüfungsphase -n: exam phase

c) Schlussfolgerung: conclusion

Sie geht nicht an ihr Handy ran. Sie **kann** noch am Fahren sein.
Meine Mutter ist nicht zu Hause. Dann **kann** sie mit dem Hund im Park sein.
Leider habe ich für die Prüfung nicht gelernt. Ich **kann** mit einer schlechten Note rechnen.

ans Handy rangehen: to answer the cell phone
für die Prüfung lernen: to learn for the exam
mit etw. rechnen: to expect sth.

7. Bitte / höfliche Bitte: request / polite request

Kannst du mir beim Umzug helfen?
Könnten Sie mir einen Gefallen tun?
Könnten wir heute Abend zusammen essen gehen?
Könntest du mir bei den Hausaufgaben helfen?
Könnten Sie mir noch eine Scheibe Brot reichen?
Könntest du mich nach Hause begleiten? Es ist schon dunkel.
Könntest du mir helfen, die Sachen vom Einkaufswagen in das Auto zu packen?

jdm. beim Umzug helfen: to help sb. move
jdm. einen Gefallen tun: to do sb. a favor
eine Scheibe Brot: a slice of bread
jdm. etwas reichen: to give/pass sb. sth.
jdn. begleiten: to accompany sb., to go/come with sb.
Es ist schon dunkel. : It is already dark.
der Einkaufswagen -: shopping cart

2. dürfen: should, may, to be allowed to
darf, durfte, hat gedurft

1. Erlaubnis: permission

Sie **darf** als Haustier einen Hund haben.
Darf ich heute bei meiner Freundin übernachten?
Mit 18 Jahren **durfte** ich in meine eigene Wohnung umziehen.
Alex **darf** heute Abend fernsehen, weil er seine Hausaufgaben gemacht hat.
Sie **dürfen** das Medikament nur nach Rücksprache mit dem Arzt einnehmen.

als Haustier einen Hund haben: to have a dog as a pet
bei jdm. übernachten: to spend the night at sb.'s place
in eine Wohnung umziehen: to move to an apartment
ein Medikament einnehmen: to take a medicine
die Rücksprache -n: consultation
nach Rücksprache mit dem Arzt: after consultation with the doctor

2. etw. ist verboten: sth. is forbidden

Hier **dürfen** Sie nicht rauchen.
So etwas **darfst** du nicht sagen!
Wieso **darf** ich heute nicht länger fernsehen?
Während des Unterrichts **dürfen** die Schüler nicht reden.
Während du Auto fährst, **darfst** du das Handy nicht in der Hand halten.

rauchen: to smoke
der Unterricht: lesson, class
während: while, during
in der Hand halten: to hold in the hand

3. dürften - Konjunktiv II : Vermutung
assumption, guess

Ich habe ein Taxi bestellt. Es **dürfte** gleich da sein.
Wie alt ist seine Frau? Sie sieht sehr jung aus. - Sie **dürfte** unter 25 Jahre alt sein.
Die Firma hat meine Bestellung heute versendet. Sie **dürfte** in ein paar Tagen zugestellt werden.
Ich habe ihr eine Nachricht gesendet, aber sie hat noch nicht zurückgeschrieben.
- Sie **dürfte** noch am Schlafen sein.

ein Taxi bestellen: to call a taxi
jung aussehen: to look young
die Bestellung -en: order
versenden: to ship, to send (out), to dispatch
zustellen: to deliver
am Schlafen sein: to be asleep

4. Motivation, Aufforderung, Wunsch
motivation, request / demand / invitation, wish

Du **darfst** nicht alles so ernst nehmen.
Du **darfst** nicht alles glauben, was die Leute sagen.
Du **darfst** ihm das nicht übel nehmen. Er hat es nicht ernst gemeint.
Du **hast** für diese Prüfung sehr viel gelernt. Du darfst nicht aufgeben.
Wir **dürfen** diesen Bus nicht verpassen. Der nächste Bus kommt erst nach einer Stunde.
Das Projekt muss am Montag rechtzeitig abgegeben werden. Wir **dürfen** keine Zeit verlieren.

jdn./etw. ernst nehmen: to take sb./sth. seriously
glauben: to believe
jdm. etwas übel nehmen: to take offense at sth., to take sth. amiss, to resent sb. for sth.
es ernst meinen: to be serious about sth.
für die Prüfung lernen: to learn for the exam
aufgeben: to give up
einen Bus verpassen: to miss a bus
rechtzeitig abgeben: to submit/hand in on time
keine Zeit verlieren: to lose no time

5. höfliche Bitte (dürfen - dürften)
request / polite request

Darf ich mal durchgehen?
Darf ich Sie etwas fragen?
Darf ich Sie einen Augenblick stören?
Darf ich Sie um diesen Tanz bitten?
Darf ich dich um einen Gefallen bitten?
Dürfte ich Sie kurz sprechen?
Dürfte ich Sie bis zur Tür begleiten?

durchgehen: to go through
jdn. etwas fragen: to ask sb. sth.
jdn. einen Augenblick stören: to disturb sb. for a moment
jdn. um etw. bitten: to ask sb. for sth.
jdn. um einen Gefallen bitten: to ask sb. for a favor
jdn. begleiten: to accompany sb.

3. müssen: must, to have to
muss, musste, hat gemusst

1. Notwendigkeit, Aufforderung: necessity, request

Wo bist du? Ich **muss** dich mal sprechen.
Wir **müssen** uns gegenseitig respektieren.
Ich **muss** spätestens morgen auf die E-Mail antworten.
Ich **musste** auf den Bus warten, deswegen kam ich zu spät zur Arbeit.
Wenn du gesund werden möchtest, **musst** du die Tabletten einnehmen.
Könntest du an der Tankstelle halten? Ich **muss** mal kurz auf die Toilette gehen.

Ihr **müsst** mir jetzt zuhören! Es ist wichtig.
Du **musst** dich vor der Fahrt anschnallen.
Sie **müssen** auf die Verkehrsregeln achten.
Du **musst** dir den Film ansehen. Er ist fantastisch!
Du **musst** lernen, wenn du die Prüfung schaffen möchtest.

sich respektieren: to respect each other
gegenseitig: mutual, mutually, each other
spätestens: at the latest
auf eine E-Mail antworten: to reply to an email
an der Tankstelle halten: to stop at the gas station
auf die Toilette gehen: to go to the toilet
jdm. zuhören: to listen to sb.
sich(A) anschnallen: to buckle up, to belt up, to fasten one's seat belt
vor der Fahrt: before driving, before the trip
auf die Verkehrsregeln achten: to pay attention to the traffic rules
sich(D) einen Film ansehen: to watch a movie
eine Prüfung schaffen: to pass an exam

2. nicht brauchen

Du **musst** mir **nicht** helfen. Ich kann das schon allein.
Du **musst nicht** draußen auf mich warten. Geh schon mal ins Café rein. Ich bin in 10 Minuten da.

ins Café reingehen: to go into the cafe
in 10 Minuten da sein: to be there in 10 minutes

3. Schlussfolgerung: conclusion

Jeder Mensch **muss** eines Tages sterben.
Der Witz war sehr lustig, ich **musste** laut lachen.
Die Spülmaschine ist defekt. Ich **musste** das ganze Geschirr mit der Hand waschen.

eines Tages: someday, one day
sterben: to die
der Witz -e: joke
laut lachen: to laugh out loud
das Geschirr mit der Hand waschen: to wash the dishes by hand

4. Vermutung: assumption, guess

Der Film **müsste** um 20 Uhr beginnen.
Wie lange dauert das Theaterstück? - Es **müsste** etwa zwei Stunden dauern.
Wie viele Leute sind zur Geburtstagsparty gekommen?
- Es **müssten** ungefähr 20 Leute gekommen sein.
Ich finde meinen roten Pullover nicht. - Dann **muss** er vielleicht noch im Trockner **sein**.

das Theaterstück -e: stage play
der Pullover -: sweater
der Trockner -: dryer

4. sollen: should, shall, to be supposed to
soll, sollte, hat gesollt

1. Auftrag (Jemand sagt und du machst.)

Ich **soll** dir von Thomas viele Grüße ausrichten.
Du **sollst** den Müll rausbringen. Meine Mutter hat das gesagt.
Sag bitte deiner Schwester, dass sie ihr Zimmer aufräumen **soll**.
Ich **soll** für meine Eltern einen Termin beim Arzt vereinbaren.
Ich **soll** dem Patienten seine Medikamente geben. Der Arzt hat mich daran erinnert.

jdm. von jdm. Grüße ausrichten: to give sb. regards (from sb.)
den Müll rausbringen: to bring out the garbage
das Zimmer aufräumen: to clean up / tidy up the room:
einen Termin vereinbaren: to make an appointment
jdn. an etw. erinnern: to remind sb. about sth.

2. Befehl: command

Ich sagte, dass du mich in Ruhe lassen **sollst**!
Ihr **sollt** jetzt schlafen gehen. Morgen ist Schule.
Du **sollst** mich nicht unterbrechen, während ich rede.
Ihr **sollt** euch nicht mehr streiten!

jdn. in Ruhe lassen: to leave sb. alone / in peace
jdn. unterbrechen: to interrupt sb.
sich streiten: to fight, to argue

3. Gerücht: rumor

Hast du gehört, dass Facebook kostenpflichtig werden **soll**?
- Jedes Jahr immer das gleiche Gerücht. Das stimmt nicht.

Ich habe sie seit Langem nicht gesehen. Sie **soll** einen neuen Freund haben. Stimmt das?
- Sie hat einen Italiener geheiratet. Er **soll** sehr gut kochen.

kostenpflichtig: paid, paid content
das Gerücht -e: rumor

4. soziale Regeln, Verhalten, Gesetze: social rules, human behavior, laws

Man **soll** keine Lügen erzählen.
Man **soll** jeden respektieren.
Man **soll** niemandem das Herz brechen.
Man **soll** niemanden wegen seiner Herkunft beleidigen.

die Lüge -n: lie
Lügen erzählen: to tell lies
jdn. respektieren: to respect sb.
niemand: nobody, no one

jdm. das Herz brechen: to break sb.'s heart
jdn. beleidigen: to offend sb., to insult sb.
die Herkunft -"e: origin

5. Zweck: purpose

Der Saft **soll** gegen Fieber helfen.
Dieses Buch **soll** dir helfen, die deutsche Sprache zu lernen.
Der Test **soll** dazu dienen, eure Grundkenntnisse zu ermitteln.
Der Täter hat fünf Jahre Haftstrafe bekommen. Das **soll** ihm eine Lehre sein.

der Saft -"e: juice
das Fieber -: fever
zu etw.(D) dienen: to be used for sth.
die Grundkenntnis -se: basic knowledge
ermitteln: to determine, to find out, to establish
der Täter -: perpetrator, culprit, offender
eine Haftstrafe bekommen: to get a prison sentence
jdm. eine Lehre sein: to teach sb. a lesson, to be a lesson to sb.

6. Empfehlung / Ratschlag: recommendation / advice
sollten - Konjunktiv II

Sie mag dich. Du **solltest** sie zu einem Kaffee einladen.
Du hustest ja wie verrückt! Du **solltest** mit dem Rauchen aufhören.
Ihr **solltet** die Vergangenheit loslassen und an eurer Zukunft arbeiten.
Um besser Deutsch zu lernen, **solltest** du mehr mit Menschen sprechen.
Du **solltest** für deine Schule lernen, anstatt vor dem Fernseher zu hocken.
Das ist deine dritte Erkältung in diesem Winter. Du **solltest** zu einem Arzt gehen.

jdn. zu einem Kaffee einladen: to invite sb. for a coffee
husten: to cough
wie verrückt: like crazy
mit dem Rauchen aufhören: to stop smoking
die Vergangenheit: past
jdn./etw. loslassen: to let sb./sth. go
an etw.(D) arbeiten: to work on sth.

für die Schule lernen: to learn for school
anstatt: instead of
vor dem Fernseher hocken: ~ to sit in front of the TV
erste, zweite, dritte: first, second, third
die Erkältung -en: cold

7. Bedingung: condition
sollten - Konjunktiv II

Auch wenn sie absagen **sollte**, möchte ich sie zum Essen einladen.
Wenn du in den Supermarkt gehen **solltest**, könntest du mir Milch mitbringen?
Ich möchte auf jeden Fall zu diesem Konzert, **selbst wenn** das Ticket teuer sein **sollte**.

Solltest du in den Supermarkt gehen, bring mir bitte Milch mit.
Solltest du mich über mein Handy nicht erreichen, ruf mich zu Hause an.
Sollten wir das Buch nicht vorrätig haben, bestellen wir es für Sie gerne.

auch wenn: even if, although
auf jeden Fall: definitely, absolutely, anyhow, by all means
selbst wenn: even if, even though
jdn. über sein Handy erreichen: to reach sb. on his cell phone
etw. vorrätig haben: to have sth. in stock

8. Vorschlag: suggestion

Soll ich das Fenster öffnen?
Soll ich dir ein Glas Wasser bringen?
Soll ich heute den Einkauf erledigen?
Sollen wir ins Kino gehen?
Sollen wir dir beim Abwasch helfen?

den Einkauf erledigen: to do the shopping
jdm. beim Abwasch helfen: to help sb. do the dishes

9. Vermutung: assumption, guess
sollen / sollten

Lena hat einen Termin beim Zahnarzt. Sie **sollte** jetzt dort sein.
Ich finde die Kaffeetassen nicht. - Sie **sollten** auf dem obersten Regal sein.
Ich würde sie gerne anrufen, aber es ist sehr spät geworden. Sie **sollte** schon im Bett sein.

die Kaffeetasse -n: coffee cup
auf dem obersten Regal: on the top shelf

5. mögen: to like
mag, mochte, hat gemocht

mögen | Vollverb (Ohne zweites Verb)

a) jdn./etw. mögen: to like sb./sth.

Magst du **mich**? - Ich mag dich.
Wir **mögen uns gegenseitig** sehr.
Ich glaube, dass Alex und Julia **sich mögen**.
Er interessiert sich zwar für mich, aber ich **mag ihn** einfach nicht.

Ich **mag unseren neuen Nachbarn** nicht.
Ich habe **diesen Schauspieler** früher sehr **gemocht**.

Ich **mag keine Zwiebeln**.
Ich **mag Tee mehr als Kaffee**
Welche Lieder magst du aus den 90er Jahren?
Welche Lieder mochtest du in deiner Jugend?
In meiner Jugend hatte ich **es gemocht**, in andere Länder **zu** reisen.

Ich mag dich. : I like you.
sich mögen: to like each other
gegenseitig: mutually, mutual
sich(A) für jdn./etw. interessieren: to be interested in sb./sth.
der Nachbar -n: neighbor
der Schauspieler -: actor
die Zwiebel -n: onion
das Lied -er: song
aus den 90er Jahren: from the 90s
in meiner Jugend: in my youth

b) möchten - Konjunktiv II : Wunsch
wish, would like to

Ich **möchte** ins Theater.
Ich **möchte** nach Hause.
Ich **möchte** noch ein Stück Kuchen.
Ich **möchte** eine neue Jacke zu meinem Geburtstag.
Ich **möchte** nicht, dass du traurig bist.
Möchtest du, dass ich dir bei den Hausaufgaben helfe?

eine neue Jacke: a new jacket
der Geburtstag -e: birthday
traurig: sad
bei den Hausaufgaben helfen: to help with homework

mögen | Modalverb (mit zweitem Verb)

1. Lust / Unlust haben, Gefallen, Abneigung
to feel like / to dislike, like, antipathy

Ich **mag** gern Tennis spielen.
Ich **mag** im Regen spazieren.
Das Kind **mag** keinen Brei essen.
Das Baby **mag** gerade nicht schlafen.
Ich **mag** bei regnerischem Wetter nicht rausgehen.
Der Schüler **mag** keine Hausaufgaben machen.
Sie **mag** nicht mit dem Flugzeug fliegen, weil sie Angst hat.
Das ist ein Krimi, den man nicht mehr aus der Hand legen **mag**.

im Regen spazieren: to walk in the rain
der Brei -e: mash
regnerisch: rainy
rausgehen: to go out
mit dem Flugzeug fliegen: to fly by plane
Angst haben: to be scared
der Krimi -s: crime story
etw. aus der Hand legen: to put down sth.

2. möchten - Konjunktiv II : Wunsch
wish, would like to

Was für ein Auto **möchten** Sie haben?
Was **möchtest** du gerne essen?
Möchtest du etwas trinken?
Ist Herr Schmidt da? Ich **möchte** ihn sprechen.
Ich **möchte** nicht darüber diskutieren.
Es ist spät geworden. Ich **möchte** gern nach Hause gehen.
Wir **möchten** Sie zu einem Gespräch einladen.
Ich **möchte** lieber in der Bibliothek bleiben und weiterlernen.
Wie **möchtest** du deinen Kaffee haben? Schwarz oder mit Milch?
Wie ich gehört habe, **möchte** er ihr heute Abend einen Heiratsantrag machen.

Was für ein Auto ... ?: What kind of car ...?
über etw. diskutieren: to discuss sth.
mit jdm. über etw. diskutieren: to have a discussion with sb. about sth.
jdn. zu einem Gespräch einladen: to invite sb. to/for an interview
das Gespräch -e: talk, conversation, interview
in der Bibliothek bleiben: to stay in the library
jdm. einen Heiratsantrag machen: to propose to sb., to make a marriage proposal to sb.

3. Vermutung - können: assumption, guess - can

Es mag sein, dass er etwas für dich empfindet.
Es klopft an der Tür. **Wer mag das sein?**
Weißt du, wie alt er ist? - Er **mag** etwa 30 Jahre alt sein.
Er ist über das Handy nicht erreichbar. Sein Akku **mag** wohl leer sein.

(Konjuktionalsatz) so+ Adverb/Adjektiv:
~wenn auch, obwohl wirklich : even though

Sie ist charakterlos, **so schön** sie auch sein mag.
So schön es auch sein mag, die Weihnachtsdekoration hat mich viel gekostet.
Wie dem auch sein mag, lass uns darüber nicht mehr sprechen.

Es mag sein, dass ... : It may be that ...
empfinden: to feel
an der Tür klopfen: to knock on the door
Wer mag das sein?: Who can that be?
etwa: about, approximately
erreichbar sein: to be reached
der Akku -s: battery
leer: empty
wie dem auch sein mag: be that as it may, as(whatever) the case might be

4. Einräumung: to concede, to admit

Es **mag** wohl regnen. <u>Trotzdem</u> werde ich einen Spaziergang machen.
Meine Oma **mag** alt sein. <u>Dennoch</u> ist sie sehr fit und gepflegt.
Ich **mag** heute etwas krank sein, ich werde <u>dennoch</u> zur Arbeit gehen.
Sie **mag** nicht sehr hübsch sein, sie ist <u>trotzdem</u> eine sehr beliebte Schauspielerin.

trotzdem: nevertheless, still
einen Spaziergang machen: to take a walk, to go for a walk
gepflegt: well-groomed
dennoch: nevertheless, still, however
hübsch: pretty
eine beliebte Schauspielerin: a popular actress

5. Konjunktiv I oder II : Wunsch
Möge ... : May ...

Möge Gott euch segnen.
Möge euch das Glück begleiten.
Möge es dir gut gehen.
Möge der Krieg ein Ende haben.

Möge Gott euch segnen. : May God bless you.
das Glück: luck, fortune, happiness
jdn. begleiten: to accompany sb.
Möge es dir gut gehen. : May you be well.
der Krieg -e: war
das Ende: end

6. wollen: to want
will, wollte, hat gewollt

wollen | Vollverb (Ohne zweites Verb)

Ich **will** nach Hause.
Willst du ein Glas Wasser?
Wollen wir heute Abend ins Kino?
Ich weiß, was ich will.
Was **willst** du von mir?
Ich bleibe heute lieber zu Hause. - **Wie du willst.**
Heute hilfst du mir beim Haushalt. **Ob du willst oder nicht!**

ein Glas Wasser: a glass of water
Ich weiß, was ich will. : I know what I want.
zu Hause bleiben: to stay at home
Wie du willst. : As you wish.
jdm. beim Haushalt helfen: to help sb. with the household chores
Ob du willst oder nicht! : Whether you like it or not!

wollen | Modalverb (mit zweitem Verb)

1. Wille, Wunsch, Absicht: will, wish, intention

a)

Willst du mich heiraten?
Ich **will** dich nicht verlieren.
Ich **will** nichts mehr über ihn wissen.
Es tut mir leid. Ich **wollte** dich nicht verletzen.
Ich **will** heute nicht rausgehen. Ich bin etwas müde.
Er **will** ihr zum Geburtstag einen Ring schenken.
Wann **willst** du endlich mit dem Rauchen aufhören?
Gestern **wollte** ich im Park spazieren, aber es regnete.
Ich **will** dich heute zu einem ganz besonderen Ort einladen.
Der Chef **will** gerade nicht gestört werden.

jdn. heiraten: to marry sb.
verlieren: to lose
etw./nichts über jdn. wissen: to know sth./nothing about sb.
jdn. verletzen: to hurt sb.
ihr zum Geburtstag einen Ring schenken: to give her a ring for her birthday
mit dem Rauchen aufhören: to stop smoking
im Park spazieren: to walk in the park

jdn. zu einem ganz besonderen Ort einladen: to invite sb. to a very special place
stören: to disturb

b)
Ich will nicht, dass du weinst.
Ich will nicht, dass du traurig bist.
Ich will nicht, dass sich jemand in mein Leben einmischt.
Ich will, dass du mir die Wahrheit sagst.
Meine Freundin will, dass wir im Sommer in den Urlaub fahren.
Ich will nur, dass du glücklich bist.
Ich wollte nur, dass er mich so akzeptiert, wie ich bin.

weinen: to cry | *traurig*: sad
sich(A) in etw.(A) einmischen: to interfere in sth.
jdm. die Wahrheit sagen: to tell sb. the truth
im Sommer in den Urlaub fahren: to go on vacation in summer
glücklich: happy | *akzeptieren*: to accept

2. wollen + Verb(2. Partizip) + sein/werden : müssen
Die Entscheidung für einen Beruf **will** gut **überlegt sein**.
Bist du sicher, dass du ihn heiraten möchtest? Dieser Schritt **will** gut **überlegt sein**.
Du kannst kein Instrument spielen, ohne einen Kurs zu besuchen. Das **will gelernt sein**.
Ich bin Uhrmacher von Beruf. Diese Arbeit **will** mit großer Sorgfalt **umgegangen werden**.

die Entscheidung -en: decision
der Beruf -e: job, occupation
der Schritt -e: step
überlegen: to think about, to consider
einen Kurs besuchen: to attend a course
Das will gelernt sein. : That has to be learned.
der Uhrmacher -: watchmaker
die Sorgfalt: care
mit etw. umgehen: to handle sth. / to treat sth.

3. höfliche Bitte
Ich **wollte** Sie fragen, ob Sie für morgen einen Termin freihaben?
Ich **wollte** wissen, bis wie viel Uhr das Geschäft geöffnet ist.
Ich **wollte** Sie bitten, noch einmal darüber nachzudenken.

Ich wollte Sie fragen, ob ... : I wanted to ask you if ...
das Geschäft -e: shop, store; business | *geöffnet*: open
jdn. (darum) bitten, etw. zu tun: to ask sb. to do sth.
über etw. nachdenken: to think about sb./sth.

DOWNLOAD AUDIO

The audio files can be downloaded using the alternate short links provided below.
You can also use a QR code to open the download link.
To do so, simply open the camera on your phone and scan the QR-Code.

Dropbox Download (Zip-File)

https://**bit.ly/22german**

https://**rebrand.ly/22german**

You will need to use "**Winzip**" or "**Winrar**" in order to open the downloaded files with ".zip". The links work properly and we check them regularly. If you have any issues with audio files, any questions or comments regarding the book, please contact us through email. We assure you that we will do our best to solve your problem.

mail@expresslingo.com

Your support means a lot for us

We truly hope that this book was a helpful asset for your German learning. If you think the book was useful, it would be really helpful for other German learners to see your **reviews on Amazon and goodreads.com**. It will also motivate us to publish more books.

Thank you for your support.

Printed in Great Britain
by Amazon

20855431R00149